# 序 言

　　指定科目考試地理科已有十年的歷史，地理除了能記憶背誦重要地理之事實和名詞，還要能夠運用地理學來思考空間、文化環境、政治經濟等方面。若要瞭解指考地理考試趨勢，必定要**熟悉歷屆指考題型**，探尋命題軌跡，以收事半功倍之效。依據大考中心命題原則，地理科的測驗目標為：地理學科的知識、考生處理地理資料和使用地理方法與技術的能力、考生分析探討世界主要區域之特色與重要議題的能力、考生整合地理知識提出解決問題方案的能力等四大主題。儘管每年考題重點不盡相同，但經過十年的累積，複習每年不同的考題重點，便可全力以赴指考地理。

　　本書彙集 91～100 年指定科目考試地理科試題與詳解，彙編成「歷屆指考地理科試題詳解」。每份試題都極具代表性，命題教授出題的目的在於，測驗考生是否瞭解地理考科的基本知識，及具備學習地理考科的實力，並加以思考運用。

　　本書編校製作過程嚴謹，但仍恐有缺失處，尚祈各界先進不吝來函指正為荷。

編者　謹識

# CONTENTS

# 100 年大學入學指定科目考試試題
# 地理考科

## 壹、單選題（78 分）

說明：共有 39 題，每題 4 個選項，其中只有 1 個是最適當的選項，
　　　畫記在答案卡之「選擇題答案區」。各題答對得 2 分，未作答、
　　　答錯、或畫記多於 1 個選項者，該題以零分計算。

1. 照片一是臺灣某地一間廢棄屋牆壁的廣
　告。該廣告最可能出現在下列何處？
　(A) 埔里盆地　　　(B) 竹苗丘陵
　(C) 雲嘉沿海　　　(D) 澎湖群島

照片 (一)

2. 近年來，政府積極鼓勵鄉村地區發展特色產業、舉辦節慶活動，
　例如客家桐花季、古坑咖啡節等。這些措施可能對鄉村地區帶來
　下列哪些改變？甲、外來遊客人數大量增加；乙、中心商業區的
　逐漸成形；丙、都市化程度的明顯提升；丁、社區風貌及景觀的
　改善；戊、地方特色商品市場擴大。
　(A) 甲乙丙　　　　　　(B) 甲丁戊
　(C) 乙丙戊　　　　　　(D) 丙丁戊

3. 照片二是一張由南向北拍攝的風
　積地形照片。此種地形的塑造，
　主要受盛行風的影響：迎風坡成
　凸形緩坡，背風坡則成凹形陡坡。

照片 (二)

根據盛行風向判斷，該照片最可能位於下列何處？

(A) 祕魯西北部的塞丘拉沙漠

(B) 澳洲西北部的大沙地沙漠

(C) 埃及西南部的撒哈拉沙漠

(D) 中國西部塔克拉瑪干沙漠

4. 某學者利用 1992-1994 年間繪製的 1:5000 土地利用調查圖，和 2005 年拍攝的福衛二號衛星圖，分析 1990 年代到 2000 年代臺灣某都市土地利用的變遷趨勢。初步結果發現：甲、道路的面積減少約 10%；乙、耕地減少約 4%；丙、建地增加約 15%；丁、林地變化極微，河川、湖泊等水體面積大致不變。這些初步結果，哪些變遷趨勢最可能符合實際情況？

(A) 甲乙丙　　　　　　　(B) 甲乙丁

(C) 甲丙丁　　　　　　　(D) 乙丙丁

5. 1992 年聯合國於里約全球高峰會提倡：「地方政府應扮演倡導、溝通與資源供給者的角色。」我國政府在《國土空間發展策略計畫》中，也特別將「如何將都市獨特的文化更進一步反映、融合與固化於都市景觀、建設、產業、居住環境及居民的認同感中，從而提升都市的競爭力。」列為都市區域發展重點。聯合國高峰會的提倡和我國政府的都市區域發展重點，係以下列哪個理念為基礎？

(A) 環境負載力

(B) 全球在地化

(C) 區域差異與均衡

(D) 城鄉供需互補作用

6. 圖一是某項資料在 1965-
2025 年的世界變化趨勢
圖。該圖係根據下列哪
項資料繪製而成？

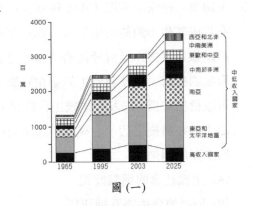

圖 (一)

(A) 勞動力
(B) 貿易額
(C) 汽車數量
(D) 國內生產毛額

7. 臺灣某都市市政府爲解決都市公共設施不足的問題，鼓勵民間自
行設置休憩設施，允許於住宅區、商業區、文敎區內設置遊憩設
施，工業區、風景區及保護區等地區，則是有條件設置。另外，
並規定社區的遊憩設施爲非營利性、屬社區之附屬設施性質，惟
設置比例不得超過總樓地板面積之 15%。該市政府鼓勵民間自行
設置休憩設施的內容，最符合下列哪項規定的精神？

(A) 開放空間使用辦法
(B) 公共設施使用許可
(C) 土地使用分區管制
(D) 社區總體營造條例

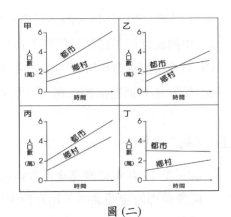

8. 圖二是某四個地區的都市
和鄉村人口成長趨勢圖。
哪個地區的都市化歷程速
度最快？

圖 (二)

(A) 甲　　　　(B) 乙
(C) 丙　　　　(D) 丁

9. 美國黑人作家胡克斯（Bell Hooks，1952－）寫道：「身為居住在肯塔基州小鎮的美國黑人，鐵道每日都提醒了我們邊緣處境。跨越鐵道之後，是有鋪面的街道，是我們不能進入的商店和不能用餐的餐廳，以及我們不能直視臉龐的人群。鐵道那頭，是我們可以擔任女僕、工友和娼妓工作的世界。我們可以進入那個世界，卻不能在那裡生活。」美國小鎮鐵道兩側呈現明顯不同生活方式的主要原因是：

(A) 主流社會的種族歧視

(B) 因應城鄉供需互補關係

(C) 促進城鎮邊緣發展的策略

(D) 黑白種族的地方認同差異

10. 一項研究指出：「近年來全球通貨膨脹居高不下，和工業產品價格大致穩定或下跌，而能源和食品價格卻持續飆升有關。」工業產品價格穩定或下跌、能源和食品價格飆升的原因，和下列哪項事實關係最密切？

(A) 日本自 2005 年以來海外投資規模不斷擴大

(B) 中國挾世界工廠和新興資本市場之姿進入全球經濟體系

(C) 受美國金融市場影響，歐元區經濟在 2008 年出現明顯下滑

(D) 2007 年非洲商品和服務出口額成長 15.2%，進口額成長 13.2%

第 11-12 題為題組

◎ 圖三是 1920 年臺灣郡級行政區的霍亂死亡人數概況圖。當時數個郡的空間範圍，相當於 1949 年以後的縣級行政區。請問：

11. 圖中圓餅符號代表的意涵，可能有：

　　甲、圓餅面積大小表示疫情的規模；

　　乙、圓餅的位置顯示霍亂是地方病；

　　丙、圓餅面積大小表示病床數多寡；

　　丁、圓餅的位置代表霍亂發生地點。

　　其中正確的有哪兩項？

　　(A) 甲乙　　　　　(B) 乙丙

　　(C) 丙丁　　　　　(D) 甲丁

圖(三)

12. 下列哪條河川下游地區，霍亂的疫情最為嚴重？

　　(A) 烏溪　　　　(B) 濁水溪　　　　(C) 高屏溪　　　　(D) 淡水河

第 13-14 題為題組

◎ 2011 年 3 月 11 日日本東北外海發生芮氏規模 9.0 的淺層地震，引發大海嘯，除造成嚴重傷亡外，也導致福島核電廠輻射外洩、高科技產業工廠停產、交通運輸基礎設施受損。日本震災對臺灣的半導體、面板、太陽光電所使用的原料與零組件供應帶來影響，惟影響程度須視各公司原料庫存和是否有替代供應商等狀況決定。請問：

13. 如果福島核電廠外洩的輻射物質影響到臺灣，最可能是以下列何種方式影響？

　　(A) 隨著黑潮影響臺灣沿海漁業資源

　　(B) 隨著中國沿岸流影響臺灣沿海漁業資源

　　(C) 隨著蒙古高壓外圍環流擴散到臺灣陸地上空

　　(D) 隨著太平洋高壓外圍環流擴散到臺灣陸地上空

14. 從日本東北大地震對臺灣高科技產業的影響，說明臺灣與日本產業的關係相當緊密。此種關係最適合以下列哪個概念說明？
　　(A) 跨國企業　　　　　　　　(B) 技術移轉
　　(C) 區位擴散　　　　　　　　(D) 空間分工鏈

### 第 15-16 題為題組

◎ 金門除酒廠及陶瓷廠等少數工業外，因水源不足及其他因素影響，各種產業發展有限，過去一直是人口外流的地區。但自1993 年初開放觀光、1995 年成立金門國家公園以來，金門設籍人口已逐漸增加；2001 年初實施小三通，因小三通僅限金門居民和中國往來，以致設籍人口成長更快。請問：

15. 金門地區水源供應有限，是當地發展觀光產業待解決的問題。導致金門水源不足的重要原因為何？
　　(A) 河水遭受工業嚴重污染
　　(B) 水田灌溉佔用大部分水量
　　(C) 地層下陷導致海水入侵
　　(D) 缺乏較大集水面積的水庫蓄水

16. 金門設籍人口的大量增加，最可能是下列哪些原因的影響？
　　甲、中國籍人士移居金門；
　　乙、志願役軍人大量定居；
　　丙、觀光農業吸引新的農耕人口；
　　丁、居住臺灣的金門人回鄉設籍；
　　戊、臺商為方便來往兩岸而移籍金門。
　　(A) 甲乙　　　　　　　　　　(B) 乙丙
　　(C) 丙丁　　　　　　　　　　(D) 丁戊

第 17-18 題為題組

圖四是某一河流的某一測站，在 2008 年 7 月 18 日至 20 日的水文歷線圖。請問：

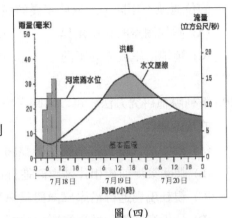

圖 (四)

15. 降雨停止多少小時以後，測站附近才開始出現氾濫？
    (A) 9
    (B) 18
    (C) 27
    (D) 36

18. 如果未來在相同的降雨狀態下，該地水文歷線的「洪峰」點卻呈現向左偏移的情形，最可能反映下列哪種現象？
    (A) 測站上游植被遭受破壞
    (B) 測站上游興築大型水庫
    (C) 測站下游開始興築堤防
    (D) 測站下游大量引水灌溉

第 19-20 題為題組

◎ 近年來，花蓮港的港口防波堤興建後，南側的南濱公園海岸，發生相當嚴重的海岸侵蝕、濱線後退問題（圖五）；高雄梓官的蚵仔寮地區，在漁港防波堤興建後，北側海岸也發生類似的情況（圖六）。請問：

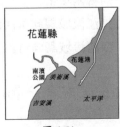

圖 (五)

圖 (六)

19. 相對於防波堤，蚵仔寮和花蓮南濱公園發生海岸侵蝕、濱線後退
    的位置並不相同，造成此差異的最直接因素是：
    (A) 兩地潮差的大小差異　　　(B) 兩地沿岸海水的深度差異
    (C) 兩地沿岸流方向不同　　　(D) 兩地受颱風侵襲頻率不同

20. 下列哪種研究方法，可以同時應用於南濱公園與蚵仔寮環境問題
    的快速研判？
    (A) 調閱清代繪製古地圖進行疊圖分析
    (B) 調閱築堤前後相片基本圖進行比對
    (C) 親赴現場進行沿岸風向與風速測量
    (D) 分析海灘剖面堆積物質的粒徑大小

第 21-23 題為題組

　　中國某地區的年降水量在 500～750 mm 之間，乾濕季節分明，
　　年雨量變率大。請問：

21. 該地區的河川，由於上游人為攔截大量河水，中下游流量減少，
    常常造成無水入海的狀況。此水文現象可稱作：
    (A) 斷流　　　(B) 伏流　　　(C) 襲奪　　　(D) 分洪

22. 為解決該地區水源不足的問題，當代中國實施了跨流域調水工
    程。這些工程的實施，最可能是下列哪兩項？
    甲、遼河流域調向黃河流域；乙、長江流域調向黃河流域；
    丙、長江流域調向海河流域；丁、海河流域調向黃河流域；
    戊、長江流域調向珠江流域。
    (A) 甲乙　　　(B) 乙丙　　　(C) 丙丁　　　(D) 丁戊

第 23-24 題為題組

　　豬、羊都是人類常畜養的家畜。其中豬性喜濕潤環境，但怕生、敏感、移動性弱，屬雜食性牲畜，適合畜養的溫度為 15～25℃，每日需水量是羊隻的 2-3 倍，而當溫度超過 30℃ 時，需以灑水方式（或在泥沼中）降溫，是定耕民族最常畜養的家畜。羊性喜乾燥環境，每日需水量為各類牲畜中偏低者，環境適應力良好，疾病的抵抗力也較佳，合群性與移動性皆強，屬草食性牲畜，故為游牧民族最常畜養的牲畜。請問：

23. 在沒有人為影響前題中，依照豬隻畜養的氣溫與需水量條件，下列哪個氣候區較適合豬隻的畜養？
　　(A) 副極地氣候　　　　　　　(B) 熱帶沙漠氣候
　　(C) 溫帶草原氣候　　　　　　(D) 溫帶地中海型氣候

24. 下列哪條界線，最符合豬隻畜養區與羊隻畜養區的大致分界？
　　(A) 美國北美大平原的密士失必河
　　(B) 內蒙古與華北平原之間的長城
　　(C) 南歐與中西歐之間的阿爾卑斯山
　　(D) 伊朗高原與阿拉伯半島之間的兩河流域

第 25-26 題為題組

　　全球最大的連鎖咖啡店販賣的咖啡飲料，使用的材料包括咖啡豆、奶、糖和紙杯等。圖七為該連鎖店咖啡飲料各種原料的來源地。請問：

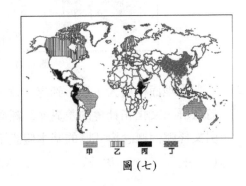
圖 (七)

25. 該連鎖咖啡店主要是透過大量採購各種原料來壓低成本，但這種作法受到來自公平交易組織（FTOs）的質疑，尤其是咖啡豆的交易最受到關注。圖七中哪個地區，是公平貿易組織最關注的對象？

(A) 甲　　　　　(B) 乙　　　　　(C) 丙　　　　　(D) 丁

26. 圖七中代號丙的國家，最可能出現下列哪些經濟或社會特徵？
(A) 種姓制度、首要型都市
(B) 科技化農業、資訊化社會
(C) 首要型都市、殖民式經濟
(D) 資訊化社會、產業空洞化

第 27-28 題為題組

圖八是四個地理學理論概念的模式圖。請問：

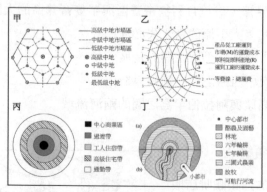

圖（八）

27. 「1. 土地面積廣大，地形到處一致，各地交通難易相同。2. 居民有族群、文化和社會的差異。3. 經濟活動以商業和輕工業為主。」引文係哪個概念模式圖的基本假設？

(A) 甲　　　　　(B) 乙　　　　　(C) 丙　　　　　(D) 丁

28. 行政院核定的《國土空間發展策略計畫》，將臺灣的國土空間結構，規畫成北北基宜、桃竹苗、中彰投、雲嘉南、高高屏、花東和離島七個區域生活圈。區域生活圈的規畫，係以哪個理論概念為基礎？
    (A) 甲　　　　　(B) 乙　　　　　(C) 丙　　　　　(D) 丁

第 29-31 題為題組

圖九是世界四種宗教的發源地及其擴散路線圖。請問：

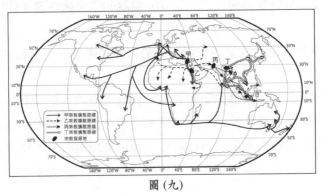

圖 (九)

29. 2010 年，東南亞某國的人口將近越南的 3 倍，但豬肉產量卻只有越南的 1/3，該國最可能位於圖九中哪種宗教的擴散區內？
    (A) 甲　　　　　(B) 乙　　　　　(C) 丙　　　　　(D) 丁

30. 在不考慮施肥與灌溉的前提下，哪種宗教發源地的農業環境最佳？
    (A) 甲　　　　　(B) 乙　　　　　(C) 丙　　　　　(D) 丁

31. 整體而言，哪種宗教普及的地區，其都市化程度最高？
    (A) 甲　　　　　(B) 乙　　　　　(C) 丙　　　　　(D) 丁

第 32-33 題為題組

　　某企業接到美國客戶的訂單後，在東南亞的零件廠第二天便將生產好的零件，進行分裝整理，第三天即以空運送至墨西哥，與其他工廠生產的零件進行組裝，產品組裝完成後，隨即運往美國。請問：

32. 該企業在東南亞設立的工廠，最可能製造的產品是：
    (A) 汽車引擎
    (B) 冷氣機壓縮機
    (C) 桌上型電腦外殼
    (D) 電腦的中央處理器（CPU）

33. 該企業將零件送往墨西哥組裝，最可能是考量下列何種經濟利益？
    (A) 擁有大量且廉價的研發人員，同時存在廣大的銷售市場
    (B) 與美國同屬北美自由貿易區，可減少進出口關稅的成本
    (C) 鄰近美國西南部的石油產區，組裝廠所需動力不虞匱乏
    (D) 工廠勞工福利制度相當完善，所需勞動力素質水準整齊

第 34-36 題為題組

　　表一是 2010 年某四個國家的經濟發展資料。請問：

| 國家 | 就業結構（一：二：三級） | 失業率(%) | 貧窮人口比例(%) | 前 10%收入家庭佔總消費的比例(%) | 後 10%收入家庭佔總消費的比例(%) | 外債（億美金） | 出口值（億美金） | 進口值（億美金） |
|------|------|------|------|------|------|------|------|------|
| 甲 | 5：23：72 | 7.9 | 30.0 | 32.6 | 1.2 | 128.6 | 68.0 | 52.6 |
| 乙 | 7：24：69 | 3.3 | 15.0 | 24.2 | 2.7 | 370.1 | 466.3 | 417.9 |
| 丙 | 42：20：38 | 1.2 | 9.6 | 33.7 | 1.6 | 82.5 | 191.3 | 156.9 |
| 丁 | 85：6：9 | 14.0 | 64.0 | 38.8 | 1.2 | 3.5 | 6.5 | 4.9 |

表（一）

34. 這四個國家中，哪個國家的貧富差距最小？

(A) 甲　　　　　(B) 乙　　　　　(C) 丙　　　　　(D) 丁

35. 哪個國家的資料，最可能是阿根廷的經濟發展概況？

(A) 甲　　　　　(B) 乙　　　　　(C) 丙　　　　　(D) 丁

36. 丁國的人口成長，最可能處在人口轉型的哪個發展階段中？

(A) 低穩定期或高穩定期

(B) 低穩定期或晚期人口擴張

(C) 高穩定期或早期人口擴張

(D) 早期人口擴張或晚期人口擴張

第 37-39 題為題組

臺灣氣候高溫潮濕，適合登革熱病媒蚊的孳生。一般來說，登革熱患者就醫後多可完全康復，但最讓防疫人員擔心的是登革熱重症—出血性登革熱的發生，其致死率高達 30-50%，而且目前尚無法有效掌握出血性登革熱發生的原因。以下圖十與表二為疾病管制局人員針對某地區的登革熱疫情統計。請問：

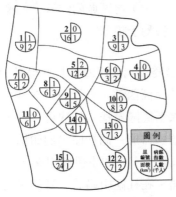

圖 (十) 登革熱流行地區資料

| 里編號 | 週次 |||||||||||||||| 
| --- | 1 | 2 | 3 | 4 | 5 | 6 | 7 | 8 | 9 | 10 | 11 | 12 | 13 | 14 | 15 | 16 |
| 1 | | | | | | | | 1 | 1 | 1 | | 2 | | | | 2 |
| 2 | | | | | | | | | 2 | 1 | 1 | 1 | 1 | | | |
| 3 | | 4 | 3 | 3 | 1 | 3 | 4 | 2 | | 1 | | | | | | |
| 4 | 1 | | 2 | 1 | 1 | 1 | | | | | | | | | | |
| 5 | | | 3 | | | | | 1 | 1 | 1 | | | | | | |
| 6 | 3 | 2 | 1 | 1 | 2 | 3 | | 1 | 3 | | | | | | | |
| 7 | 1 | | | | | | 1 | | | | | | | | | |
| 8 | | | | | | | | | | 3 | 1 | | | | | |
| 9 | | 1 | 1 | 2 | 1 | 3 | | | | | | | | | | |
| 10 | | | 1 | 1 | 1 | 1 | 2 | | | | | | | | | |
| 11 | | | | | | 1 | 1 | 1 | 1 | 1 | 1 | 1 | | | | |
| 12 | | 2 | | 1 | | | | | | | | | 1 | | | |
| 13 | | | | 2 | | | | | | | | | | | | |
| 14 | | | | | 1 | | 1 | | | | | | | | | |
| 15 | | | | | | | 1 | | 2 | | 3 | | 2 | | 1 | |

表 (二) 各週病例數

37. 登革熱疫情在該區域中的空間擴散方式，最符合下列哪種類型？
    (A) 擴張型　　　(B) 階層型　　　(C) 位移型　　　(D) 混合型

38. 某研究人員歸納相關資料後，發現當某村里與其（共邊）相鄰村里的病媒蚊指數總和大於 5，且本里連續 4 週以上有一般性登革熱病例時，就可能發生出血性登革熱重症病例。根據上述資訊，以下哪個村里是最需要注意登革熱疫情的地區？
    (A) 2 號　　　(B) 3 號　　　(C) 9 號　　　(D) 11 號

39. 出血性登革熱的發生可能與人口密度及一般性登革熱的罹患率（病例數/人口數）有關，即單位面積罹患率愈高的地區，愈有機會發生出血性登革熱疫情。以 9 至 12 週的一般性登革熱統計來看，以下哪個村里最可能發生出血性登革熱疫情？
    (A) 2 號　　　(B) 8 號　　　(C) 11 號　　　(D) 15 號

## 貳、非選擇題（22 分）

說明：共有三大題，每一子題的配分標於題末。作答務必使用筆尖較粗之黑色墨水的筆書寫，且不得使用鉛筆。各題應在「答案卷」所標示之大題號（一、二、…）之區域內作答，並標明子題題號（1、2、…）。違者將酌予扣分。

一、 1961 年德國與土耳其簽定「德國勞務市場向土耳其招聘勞動力協議」，促使許多小亞細亞（位於亞洲西部，介於 36°N 至 42°N 之間）生活困苦的土耳其人至德國尋找工作機會。許多到德國工作的移民滯留不歸，在德國自成一個社區，例如柏林的 Kreuzberg 區就有許多土耳其人集中，宛如小伊斯坦堡。大部分的土耳其人一生都不會講德語，在社區中過著土耳其式的生活。請問：

1. 土耳其到德國的國際移民現象，可以用哪個理論來解釋？
（2分）

2. 根據小亞細亞的位置判斷，這些依「協議」到德國尋找工作的土耳其移民，其原鄉最可能是哪兩種氣候類型的過渡區？
【兩個答案正確才給分】（2分）

3. Kreuzberg 區的外籍移民，在舉辦婚喪喜慶或從事宗教祭儀行為時，最可能前往什麼場所（建築物）進行這些活動？（2分）

二、　位於新北市淡水河支流的大豹溪流域，清末日治初期時，曾因遍布原始樟樹林，樟腦加工業相當發達。但是當日治時代中葉，該地樟樹砍伐殆盡，再往內山尋找樟樹林時，因為侵入了原住民的生活領域，使得樟腦加工業的發展受到限制；隨後再因歐洲化學工業的發達，化學合成的樟腦逐漸取代了天然的樟腦，使得該地的樟腦事業逐漸沒落。二十世紀末，大豹溪只剩下幾家樟腦加工廠，持續從花蓮輸入樟木片，依循古法煉製天然樟腦。請問：

1. 日治中葉從大豹溪往內山尋找樟樹林時，主要侵入哪個原住民族的生活領域？（2分）

2. 對於大豹溪流域天然樟腦加工業而言，日治中葉以後，當地的天然樟腦已進入產品週期（Product life-cycle）的哪個階段？
（2分）

3. 二十世紀末樟腦加工廠的樟木片，最可能來自臺灣五大山脈中的哪兩座山脈？【兩個答案正確才給分】（2分）

4. 二十世紀末大豹溪樟腦加工廠的經營，工業區位考量主要為何？（2分）

三、 臺灣地窄人稠，隨著不斷的開發，各地的土地覆蓋和土地利用
也持續變化。圖十一中 (甲)～(丙) 圖大致呈現了臺灣某地區在
過去 80 年間的變化：(甲) 1920 年代初期、(乙) 1980 年代中期、
(丙) 2000 年代初期；三張
圖中的主要符號，列於丙
圖之下。請據以回答下列
問題。

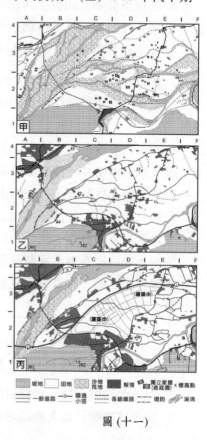

　註明： 這些地圖均改繪自當時
　　　　出版的等高線地形圖，
　　　　圖上網格邊長代表實際
　　　　距離 1 公里，高度的單
　　　　位公尺；是為使畫面易
　　　　讀，改繪過程中，原圖
　　　　中有些符號沒有呈現。

1. 本區在地形上最顯著的變
化為何？（2分）

2. 本區在最近二、三十年間
快速都市化，除了農地、
荒地縮減、建地大幅增加，
還有哪項土地利用的變化，
最能反映快速都市化現象？
（2分）

圖 (十一)

3. 本區有一座創建於清乾隆年間的廟宇，至今仍為地方最重要
的信仰中心。該廟宇最可能位於哪個網格中？（2分）
　註明：請以標示於圖上的「網格坐標」回答，否則不予計分。

4. 本區在 2000 年代初期有一大型開發案（即丙圖標示「建築
中」的區塊）。該開發案所在地以何種自然災害的潛在威脅
最大？簡述你判斷的依據。【兩個答案正確才給分】（2分）

# 100年度指定科目考試地理科試題詳解

## 壹：選擇題

1. **C**

【解析】 台灣西南雲嘉沿海，因超抽地下水造成地層下陷，住
屋易遭水患，故出現樓房昇高、遷移的廣告。

2. **B**

【解析】 乙、中心商業區（C.B.D.）形成於都市而非鄉村地區。
丙、都市化程度：指都市人口佔總人口的比例。

3. **D**

【解析】 (A) 秘魯西北部塞丘拉沙漠：東南信風帶。

(B) 澳洲西北部大沙地沙漠：乾燥的岩漠，無沙丘分
布。

(C) 埃及西南部的撒哈拉沙漠：東北信風區。

(D) 中國西部塔克拉馬干沙漠：屬砂質沙漠，多沙丘
和新月丘。

新月丘：

(1) 迎風坡成凸型緩坡，背風坡成凹型陡坡。

(2) 平面形狀如新月，兩側尖角順盛行風去向延伸。

(3) 照片由南向北拍攝，故：

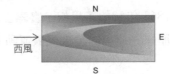

4. **D**

【解析】 甲、台灣都市土地利用中，道路的面積有增無減。

5. **B**

【解析】 由文中「將都市獨特文化更進一步反映，融合與固化
…」可判知為「全球在地化」的理念。

6. **A**

【解析】 高收入國家的 (B) 貿易額、(C) 汽車數量、(D) 國內生產
毛額在 1965 年到 2025 年間均應高於中低收入國家，
圖中顯示相反，故判斷此圖乃依據 (A) 勞動力資料所繪
成。

7. **C**

【解析】 「土地使用分區管制」為實施都市計劃的一種手段。
實施的主要目的：
(1) 維護良好的居住環境及提供合宜的「公共設施」。
(2) 確保各分區的經濟效益，消除土地不當利用。

8. **A**

【解析】 甲圖：都市人口數增加量＞鄉村人口數增加量。

9. **A**

【解析】 非洲黑人最初被引進美國當農奴，理論上林肯總統在
1863 年解放了黑奴，實際上仍出現種族隔離制度法令，
歷經一連串的黑人民權運動才逐漸獲得平等權利。

10. **B**

【解析】 (1) 中國為世界工廠 → 大量廉價勞工使工業產品價格
穩定或下跌。

(2) 中國為新興資本市場 → 13 億人口因經濟改善，消
費增加，造成能源與食品價格飆升。

第 11-12 題為題組

11. **D**

【解析】 乙、圓餅的位置顯示霍亂的「地方」，而非「地方病」。
丙、圓餅面積大小表示病患人數。

12. **A**

【解析】 烏溪：因下游流經台中盆地和大肚台地，又稱「大肚
溪」，為台中市與彰化縣的界河。

第 13-14 題為題組

13. **C**

【解析】 日本與台灣同屬季風氣候，冬、春季節福島輻射物質隨
著蒙古高壓外圍環流（即冬季季風）擴散到台灣。

14. **D**

【解析】 (1) 空間分工鍵：在某產業中各階段的製程，由不同地區
專門負責，形成一個相互聯繫的產業網路系統。

(2) 台灣高科技產業的關鍵原材料和零件多由日本進
口，日本發生強震後工廠關閉，波及台灣產業零件
的供應，若供應不及，生產則會被迫中斷，影響成
品的出貨。

## 第 15-16 題為題組

15. **D**

【解析】 (A) 金門工業不發達，不易產生嚴重污染。

　　　　 (B) 金門農業以高粱、甘藷、花生和蔬菜等為主，水田灌溉有限。

　　　　 (C) 金門多花崗岩層（火成岩），地層不易下陷。

16. **D**

【解析】 甲、中國籍人士不准移居金門。

　　　　 乙、金門的國軍昔日有十萬多人，目前僅剩五千人左右，志願役軍人退役後返台。

　　　　 丙、當地農民發展觀光農業。

## 第 17-18 題為題組

17. **B**

【解析】 見圖示。

18. **A**

【解析】 水文歷線的「洪峰」左移，表示洪峰滯延期縮短，上升側（漲水翼）更陡，反應測站上游植被遭破壞。

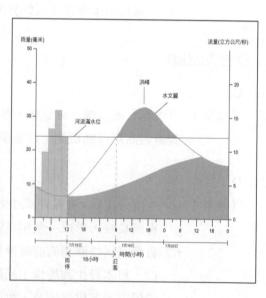

第 19-20 題爲題組

19. **C**

【解析】防波堤造成「突堤效應」：垂直於海岸的突堤，面向沿
　　　　岸流的一側因漂沙受阻而堆積，背向沿岸流的一側，
　　　　因漂沙減少而使堆積減少或侵蝕大於堆積。

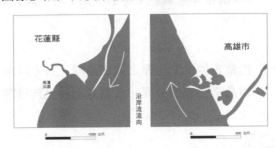

20. **B**

【解析】海岸產生侵蝕或堆積均發生於築堤前後，故調閱築堤
　　　　前後相片比對，便可快速研判。

第 21-22 題爲題組

21. **A**

【解析】中國黃淮海平原(華北平原)：年降水量約500到700 mm
　　　　之間，乾溼分明，年雨量變率大，集中率大，屬溫帶季
　　　　風氣候。黃河中下游常發生斷流現象。

22. **B**

【解析】中國南水北調：
　　　　(1) 中國水資源南多北少，故自長江上、中、下游分三
　　　　　　線(西線、中線、東線)調水至華北和西北。
　　　　(2) 南水北調跨長江、淮河、黃河、海河和大運河各流
　　　　　　域。

第 23-24 題為題組

23. **D**

【解析】豬隻畜養溫度為 15℃到 25℃，性喜濕潤環境，故 (A) 副極地氣候（太寒冷）、(B) 熱帶沙漠氣候（太乾熱）和 (C) 溫帶草原氣候（冬季冷乾）均不適宜畜養。

24. **B**

【解析】內蒙古與華北平原之間的長城，自古為游牧民族與定耕農業民族的分界，而豬是定耕民族最常畜養的家畜。

第 25-26 題為題組

25. **C**

【解析】公平貿易組織（FTOs）是一種有組織的社會運動，是基於對話、透明和尊重的貿易夥伴關係，追求國際交易的公平性，確保被邊緣化的勞工和生產者的權益（特別是非洲、拉丁美洲和亞洲），確保作物以公平的價格出售，為一種永續發展與減少貧窮的策略。

26. **C**

【解析】中南美洲為首要型都市、殖民式經濟的代表區域。

第 27-28 題為題組

27. **C**

【解析】甲、中地理論；乙、韋伯工業區位理論；丙、都市內部結構的同心圓模式；丁、邱念的區位租理論。

28. **A**

【解析】 地方生活圈主要根據克里司徒勒的「中地理論」所建立；地方生活圈是一種中地和腹地連結的地理區，即地方生活圈的建立可健全都市體系，增進國土利用，使人口、產業合理分佈。

第 29-31 題為題組

29. **B**

【解析】 乙、位於伊斯蘭教的擴散區內，因伊斯蘭教徒禁食豬肉。

30. **D**

【解析】 佛教發源的丁地屬於熱帶季風氣候，比甲、乙、丙三地暖濕，較適合農業。

31. **A**

【解析】 甲、基督教。

第 32-33 題為題組

32. **D**

【解析】 電腦中央處理器（CPU）的「產品生命週期」短，故接單後才生產零件、組裝完成後運送給客戶，以減少庫存降低成本。

33. **B**

【解析】 北美自由貿易區（NAFTA）：美國、加拿大、墨西哥三國組成。該企業將零件運送往墨西哥組裝後再將產品運往美國，可減少進出口關稅的成本。

第 34-36 題為題組

34. **B**

　　【解析】(1) 乙國前 10% 收入家庭佔總消費的比例 24.2%，為
　　　　　　　四國中最低國。

　　　　　　(2) 乙國後 10% 收入家庭佔總消費的比例 2.7%，為四
　　　　　　　國中的最高國。

　　　　　　故乙國貧富差距最小。

35. **A**

　　【解析】　甲國：阿根廷在西班牙統治期間形成了「大地主制
　　　　　　度」，故第一級就業人口偏低，貧窮人口比例高達
　　　　　　30%，貧富差距大。

36. **C**

　　【解析】(1) 丁國就業結構：一級 85：二級 6：三級 9，貧窮人口
　　　　　　　比例 64%，經濟生產能力低，相當於低度開發國家。

　　　　　　(2) 高穩定期：出生率和死亡率皆高，自然增加率低，
　　　　　　　人口成長呈緩慢穩定狀態。此時相當於低度開發國
　　　　　　　家階段。

　　　　　　(3) 早期擴張階段：出生率仍高，死亡率逐漸下降，自
　　　　　　　然增加率愈來愈大，人口成長逐漸加快。相當於開
　　　　　　　發中國家的早期階段。

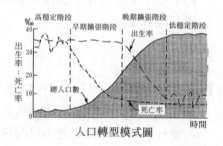

人口轉型模式圖

第 37-39 題爲題組

37. **D**

【解析】 首先觀察前二週的病例分布，便可判斷綜合型的擴張方式。擴張型＋位移型＝綜合型。見圖示。

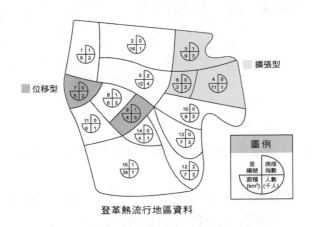

登革熱流行地區資料

38. **C**

【解析】

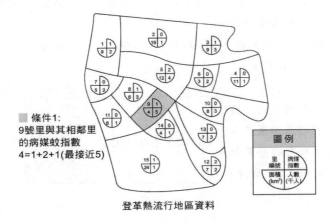

登革熱流行地區資料

| 里編號 | 1 | 2 | 3 | 4 | 5 | 6 | 7 | 8 | 9 | 10 | 11 | 12 | 13 | 14 | 15 | 16 |
|---|---|---|---|---|---|---|---|---|---|---|---|---|---|---|---|---|
| 1 |  |  |  |  |  |  |  | 1 | 1 | 1 |  | 2 |  |  |  | 2 |
| 2 |  |  |  |  |  |  |  | 2 | 1 | 1 | 1 | 1 |  |  |  |  |
| 3 |  | 4 | 3 | 3 | 1 | 3 | 4 | 2 |  | 1 |  |  |  |  |  |  |
| 4 | 1 |  | 2 |  | 1 | 1 | 1 |  |  |  |  |  |  |  |  |  |
| 5 |  |  |  | 3 |  |  |  | 1 | 1 | 1 |  |  |  |  |  |  |
| 6 | 3 | 2 | 1 | 1 | 2 | 3 |  | 1 | 3 |  |  |  |  |  |  |  |
| 7 | 1 |  |  |  |  |  | 1 |  |  |  |  |  |  |  |  |  |
| 8 |  |  |  |  |  |  |  |  |  | 3 | 1 |  |  |  |  |  |
| 9 |  | 1 | 1 | 2 | 1 | 3 |  |  |  |  |  |  |  |  |  |  |
| 10 |  |  | 1 | 1 | 1 | 1 | 2 |  |  |  |  |  |  |  |  |  |
| 11 |  |  |  |  |  | 1 | 1 | 1 | 1 | 1 | 1 | 1 |  |  |  |  |
| 12 |  |  | 2 |  | 1 |  |  |  |  |  |  |  | 1 |  |  |  |
| 13 |  |  |  |  | 2 |  |  |  |  |  |  |  |  |  |  |  |
| 14 |  |  |  |  |  | 1 |  | 1 |  |  |  |  |  |  |  |  |
| 15 |  |  |  |  |  | 1 |  | 2 |  | 3 |  | 2 |  | 1 |  |  |

週次

條件2：
連續四週病例

表二　各週病例數

## 39. C

【解析】　11 號里的人口密度較高、罹患率亦較高，最可能發生
登革熱疫情。

根據條件「人口密度」及「一般性登革熱的罹患率
（病例數／人口數）」計算出的結果如下：

| 村里 | 2 號 | 8 號 | 11 號 | 15 號 |
|---|---|---|---|---|
| 9 至 12 週病例數 | 4 | 4 | 4 | 5 |
| 人口數（人） | 1000 | 3000 | 1000 | 1000 |
| 一般性登革熱的罹患率（病例數／人口數） | 0.0040 | 0.0013 | 0.0040 | 0.0050 |
| 面積 | 16 km$^2$ | 6 km$^2$ | 6 km$^2$ | 24 km$^2$ |
| 單位面積的一般性登革熱罹患率（一般性登革熱的罹患率／面積） | 0.00025 | 0.000222 | 0.000667 | 0.000208 |

## 貳：非選擇題

一、　1. 推拉理論。

　　　2. 溫帶地中海型、乾燥氣候。

　　　3. 清真寺。


二、　1. 泰雅族。

　　　2. 成熟期。

　　　3. 中央、海岸山脈。

　　　4. 工業慣性。


二、　1. 河道縮減。

　　　2. 道路增加。

　　　3.（C，1）。

　　　4. 洪患、建築用地位在昔日河流的行水區。

# 100 學年度指定科目考試（地理）
## 大考中心公佈答案

| 題　號 | 答　　案 | 題　號 | 答　　案 |
|:---:|:---:|:---:|:---:|
| 1 | C | 21 | A |
| 2 | B | 22 | B |
| 3 | D | 23 | D |
| 4 | D | 24 | B |
| 5 | B | 25 | C |
| 6 | A | 26 | C |
| 7 | C | 27 | C |
| 8 | A | 28 | A |
| 9 | A | 29 | B |
| 10 | B | 30 | D |
| 11 | D | 31 | A |
| 12 | A | 32 | D |
| 13 | C | 33 | B |
| 14 | D | 34 | B |
| 15 | D | 35 | A |
| 16 | D | 36 | C |
| 17 | B | 37 | D |
| 18 | A | 38 | C |
| 19 | C | 39 | C |
| 20 | B | | |

# 100 學年度指定科目考試
## 各科成績標準一覽表

| 科　　目 | 頂　標 | 前　標 | 均　標 | 後　標 | 底　標 |
|---|---|---|---|---|---|
| 國　文 | 71 | 66 | 59 | 50 | 42 |
| 英　文 | 79 | 69 | 51 | 33 | 23 |
| 數學甲 | 82 | 71 | 51 | 32 | 20 |
| 數學乙 | 86 | 75 | 55 | 34 | 22 |
| 化　學 | 75 | 66 | 51 | 37 | 29 |
| 物　理 | 83 | 73 | 53 | 34 | 25 |
| 生　物 | 77 | 69 | 54 | 41 | 32 |
| 歷　史 | 77 | 70 | 59 | 48 | 39 |
| 地　理 | 71 | 66 | 58 | 48 | 40 |
| 公民與社會 | 77 | 72 | 64 | 55 | 48 |

※ 以上五項標準均取爲整數（小數只捨不入），且其計算均不含缺考生之成績，
　計算方式如下：

　頂標：成績位於第 88 百分位數之考生成績。
　前標：成績位於第 75 百分位數之考生成績。
　均標：成績位於第 50 百分位數之考生成績。
　後標：成績位於第 25 百分位數之考生成績。
　底標：成績位於第 12 百分位數之考生成績。

例：　某科之到考考生爲 99982 人，則該科五項標準爲

　　頂標：成績由低至高排序，取第 87985 名（99982×88%=87984.16，取整數，
　　　　　小數無條件進位）考生的成績，再取整數(小數只捨不入)。

　　前標：成績由低至高排序，取第 74987 名（99982×75%=74986.5，取整數，
　　　　　小數無條件進位）考生的成績，再取整數(小數只捨不入)。

　　均標：成績由低至高排序，取第 49991 名（99982×50%=49991）考生的成績，
　　　　　再取整數(小數只捨不入)。

　　後標：成績由低至高排序，取第 24996 名（99982×25%=24995.5，取整數，
　　　　　小數無條件進位）考生的成績，再取整數(小數只捨不入)。

　　底標：成績由低至高排序，取第 11998 名（99982×12%=11997.84，取整數，
　　　　　小數無條件進位）考生的成績，再取整數(小數只捨不入)。

心得筆記欄

# 九十九年大學入學指定科目考試試題
# 地理考科

## 壹、單選題（80分）

說明：共有40題，請選出一個最適當的選項，標示在答案卡之「選擇題答案區」。每題答對得2分，答錯或劃記多於一個選項者倒扣2/3分，倒扣到本大題之實得分數為零為止。未作答者，不給分亦不扣分。

### 第1-3題為題組

全球暖化是當代重要的環境議題。全球暖化將導致海平面上升，海岸線後退，土地資源流失；沿海地區土地也易受海水倒灌、排水不良而受水患之苦。此外，全球暖化也可能導致疾病流行範圍的擴大，如2007年，流行於熱帶地區的屈公病（Chikungunya），曾在部分溫帶國家境內出現大量病例，即被世界衛生組織官員認為與全球暖化有關。

1. 圖1中，台灣本島哪段海岸出現類似上述的海岸變遷現象？
   (A) 甲　　　　　　　(B) 乙
   (C) 丙　　　　　　　(D) 丁

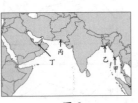
圖1

2. 圖2中，哪個國家遭受上述水患範圍占國土總面積的比例最高？
   (A) 甲　　　　　　　(B) 乙
   (C) 丙　　　　　　　(D) 丁

圖2

3. 2007 年，哪國境內出現大量屈公病案例，而被世界衛生組織官員
認為與全球暖化氣候變遷有關？
(A) 義大利       (B) 貝里斯
(C) 甘比亞       (D) 吉里巴斯

第 4-6 題為題組

　　小明在自行車上安裝全球定位系統（GPS），並用每 10 秒自動
記錄一點的方式，將騎自行車所到之處記錄下來，再將這些資料
下載到 Google 地球上展示。

4. 小明坐在河畔約花了 10 分鐘寫生，
Google 地球中顯示的點位記錄如圖 3。
呈現這樣結果的最可能原因是：
(A) GPS 內部零件故障
(B) 小明取景定點位移
(C) 經緯座標轉換位移
(D) GPS 衛星定位誤差

圖 3

5. 小明在公路上全力衝刺，GPS 的點
位記錄如圖 4 公路上黑點所示。下
列何者最可能是小明所騎道路的高
度剖面圖？

圖 4

(A)

(B)
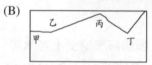

(C)
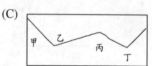

(D)
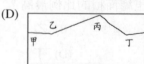

6. 小明騎在一條筆直的山路上，依 GPS 的記錄，其起點和終點的
   台灣二度分帶座標分別為：起點（248588, 2575424）、終點
   （252935, 2577221）。小明的騎車方向為何？
   (A) 由西南向東北　　　　　　(B) 由東北向西南
   (C) 由西北向東南　　　　　　(D) 由東南向西北

第 7-8 題為題組

　　熱帶濕潤地區土壤常因含有氧化鐵、氧化鋁等物質而呈現紅色，
　　且土壤肥沃度低。

7. 下列有關此種土壤成土過程的敘述，何者正確？
   (A) 表土層的鐵、鋁等物質因增添作用帶至底土層
   (B) 表土層因鐵、鋁物質的洗入作用而形成堅硬結核
   (C) 底土層的鐵、鋁氧化物因淋溶作用而大量流失
   (D) 底土層因洗入作用使鐵、鋁氧化物質澱積

8. 熱帶濕潤地區此類土壤肥沃度不高的可能原因為何？
   甲、養分因淋溶作用強烈而流失
   乙、腐植質分解速度緩慢
   丙、養分多為茂盛的植物所吸收
   丁、土壤底土多石灰質澱積
   (A) 甲乙　　　(B) 丙丁　　　(C) 甲丙　　　(D) 乙丁

第 9-10 題為題組

　　對流層的氣溫是近地面較高，且呈隨高度增加而遞減。但此一現
　　象在一天中的不同時間均有差異，有時甚至出現逆溫現象。圖5
　　即為同一地點在某日的早晨、午後、夜間及清晨四個不同時段的
　　近地面大氣垂直氣溫分布曲線圖。

9. 圖5中丁曲線愈接近地面氣溫愈高
   的主要原因為何？

   (A) 愈近地面風速愈小，大氣熱量
   　　不易散失

   (B) 愈近地面空氣塵埃愈多，塵埃
   　　能吸收太陽輻射

   (C) 愈近地面空氣密度愈大，大氣
   　　愈能吸收太陽輻射

   (D) 地面吸收太陽輻射後，將熱能
   　　再輻射供大氣吸收

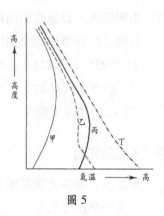

圖5

10. 圖5中哪條曲線最可能是清晨（日出之前）的大氣垂直氣溫分布？

    (A) 甲　　　　　(B) 乙　　　　　(C) 丙　　　　　(D) 丁

第 11-12 題為題組

　　土石流與洪患是近年台灣常見的天然災害，災害防治乃成為目前
重要的課題。圖6是台灣山區四個聚落的航空照片，框線內為民
居密集區。

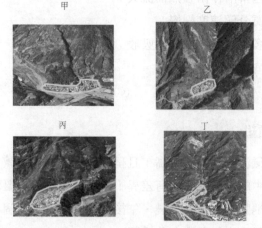

圖6

11. 圖 6 中之四處聚落，何者較**不容易**發生土石流與洪患兩類災害？

(A) 甲　　　　　(B) 乙　　　　　(C) 丙　　　　　(D) 丁

12. 經過調查評估，相關單位計畫在山區對崩塌邊坡進行護坡措施，最主要目的是希望透過下列何種方式防治土石流災害？

(A) 疏導土石分流　　　　　(B) 減少土石來源

(C) 降低土石流速　　　　　(D) 促進土石堆積

## 第 13-14 題為題組

圖 7 是某地區行政邊界的向量式資料，該區有三個行政單元，分別為復興里、自強里與敦化里。圖 8 是同地區都市計畫分區與地價的網格式資料，圖 9 是網格代碼。根據人口統計資料顯示：復興里有 11,000 人、自強里有 18,000 人、敦化里有 17,000 人；已知圖 8 都市計畫分區每一方格人口依其土地利用類別（商業、住宅、工業），按 3：5：2 比例而定。

| 行政區 | 都市計畫分區 | | | | 地價（十萬元） | | | | 網格代碼 | | | |
|---|---|---|---|---|---|---|---|---|---|---|---|---|
| | 商 | 商 | 商 | 住 | 10 | 11 | 9 | 8 | 1 | 2 | 3 | 4 |
| | 商 | 住 | 住 | 住 | 12 | 9 | 8 | 9 | 5 | 6 | 7 | 8 |
| | 工 | 工 | 住 | 住 | 7 | 4 | 7 | 9 | 9 | 10 | 11 | 12 |
| | 工 | 工 | 工 | 住 | 6 | 5 | 5 | 8 | 13 | 14 | 15 | 16 |

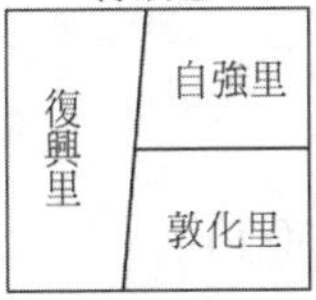

行政區圖（圖7）：復興里、自強里、敦化里

圖 7　　　　　　　　圖 8　　　　　　　　圖 9

13. 在 GIS 軟體中將人口資料與圖 7 的向量圖層結合後，轉換為圖 8 的網格式資料，則圖 9 網格代碼 6 的人口為何？

(A) 2.5 千人　　(B) 3 千人　　(C) 4.5 千人　　(D) 6 千人

14. 某超商決定在敦化里設立新店舖，選址的條件為人口多且地價低的地區，則最佳設立地點的網格代碼是：

(A) 10　　　　　(B) 11　　　　　(C) 12　　　　　(D) 15

第 15-17 題為題組

　　圖 10 中，甲處西側師公格山，於 2010 年 4 月 25 日發生「走山」災變，大量土石突然沿著坡面移動，掩埋國道三號甲處約 300 公尺長車道，造成 4 人死亡。

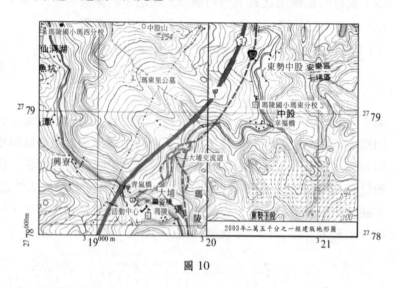

圖 10

15. 圖中甲處的座標為：
　　(A)（319200, 2778300）　　　(B)（319375, 2778500）
　　(C)（320100, 2779200）　　　(D)（320250, 2779500）

16. 此次災變現象屬於下列何者？
　　(A) 地滑　　　(B) 潛移　　　(C) 落石　　　(D) 土石流

17. 依據圖 10 所提供的資訊，由甲處向四周觀察可看到的地景為何？
　　(A) 由甲處向西北可遠眺瑪西分校
　　(B) 高速公路沿著河階修建　　　(C) 圖中東南山坡有蔗田拾級而上
　　(D) 大埔交流道於陡坡修建

第 18-20 題爲題組

在 1960 年代當歐、美、日等地的製造業開始外移之際，台灣設置加工出口區以促進工業發展。之後，隨著台灣產業不斷升級，以出口爲導向的製造業也出現外移的現象，其中移往地理位置鄰近、語言相通的中國者不在少數，使部分傳統工業區出現生產萎縮、廠區老舊、廠房閒置等「老化」現象。然而，近年因中國投資環境改變，台商亦有回流的趨向。

18. 1960 年代台灣設置加工出口區的區位選擇傾向鄰近國際港埠，空間上高度聚集，以利產品輸出。就此區位條件而言，下列何地被選定爲設置加工出口專業區？
(A) 雲林　　　(B) 高雄　　　(C) 屏東　　　(D) 新竹

19. 台灣有些位於都市近郊的老舊工業區若要轉型爲大賣場、購物中心等使用目標，首要之務應是：
(A) 加強水電、排水系統等公共建設
(B) 發展衛星市鎮，創造消費需求
(C) 解編工業區，進行土地使用分區重劃
(D) 發展大衆捷運系統，改善區位條件

20. 最近幾年部分台商因爲產業發展環境的變化而出現回流的現象。下列哪些因素是造成台商回流的主要原因？
甲、中國出口退稅調降　　　乙、台幣匯率持續下貶
丙、國外市場需求擴大　　　丁、台灣土地租金優惠
(A) 甲乙　　　(B) 乙丙　　　(C) 丙丁　　　(D) 甲丁

## 第 21-23 題為題組

台灣為因應社會和環境的快速變化，規劃為「西部創新發展軸」、「中央山脈保育軸」、「東部優質生活產業軸」、「海洋環帶」、「離島生態觀光區」等軸帶的國土計畫，作為未來的發展架構。

21. 「多元族群特色、優美山河景觀、潔淨土地資源、平疇綠野稻香」是圖 11 中哪個軸帶發展上所具有的優勢條件？

    (A) 甲　　　　　　(B) 乙
    (C) 丙　　　　　　(D) 丁

    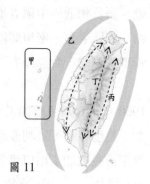

    圖 11

22. 「西部創新發展軸」共分為北部、中部與南部三大城市區域。目前此三大城市區域在發展上具有下列哪些共同特徵？

    甲、已闢建科學工業園區

    乙、已營運的高運量捷運系統

    丙、三百萬以上人口的直轄市

    丁、有對外聯絡的機場和港口

    (A) 甲乙　　　　(B) 乙丙　　　　(C) 丙丁　　　　(D) 甲丁

23. 「離島生態觀光區」以提供國民特殊生態與文化體驗為主，發展上強調環境保育和文化保存。

    圖 12 為台灣某處島嶼上的地景，屬於重要的保育資源。此離島是：

    (A) 金門　　　　(B) 馬祖
    (C) 澎湖　　　　(D) 蘭嶼

    圖 12

## 第 24-25 題為題組

2010 年 1 月 13 日海地發生規模 7.0 強烈地震，震源距離地表約
10 公里，首都太子港的建築物，包括總統府及聯合國駐海地總
部應聲倒塌，死傷無數，災情慘重。

24. 發生震災的海地位於圖 13 中何處？
(A) 甲　　　(B) 乙
(C) 丙　　　(D) 丁

25. 此次地震災情慘重的主要原因是：
(A) 震央距人口密集區近
(B) 引發土石流掩埋村莊
(C) 海嘯襲擊沿海低地區
(D) 地震後適逢颶風來襲

圖 13

## 第 26-28 題為題組

1997 年部分亞洲國家相繼發生股市、房地產崩跌、匯率遽貶、外
匯枯竭等危機，釀成「亞洲金融風暴」；2008 年美國金融危機使
國際金融市場信用緊縮，更擴大為全球性的金融海嘯。上述金融
危機一般認為是這些國家的實體經濟（實際提供生產品和服務的
經濟活動）和虛擬經濟（純以資本投資於金融商品等，追求資本
利得為目的的經濟活動）失衡所導致。

26. 亞洲金融風暴受創國在風暴前的「實體經濟的失衡」是指：
(A) 推動大規模的建設計畫，積壓大量資金
(B) 發展龐大的重化工業，資金短期難以回收
(C) 執行進口替代政策，生產效率低落，產品銷售欠佳
(D) 產業高度擴張，致產能過剩，經濟成長趨緩，貿易逆差擴大

27. 亞洲金融風暴受創國在風暴前的「虛擬經濟的失衡」是指：
    (A) 房地產信貸管制鬆散，大量資金放貸給信用評等很低的購屋者
    (B) 國際熱錢不斷流入，房地產、股市等資產價值膨脹，匯率抬升
    (C) 金融產業以高利率吸引國際資金，進行高風險金融商品的投資
    (D) 發行國債以支持國營產業，因無力償還本息，致主權信用動搖

28. 歐洲某國在 2000 年後，朝向成為「境外金融中心」發展，以高息、低稅率吸引國際資金，大多運用於高倍數的風險性金融投資，使該國在短短幾年間人均國民所得躍居世界第四位。但 2008 年底，國際資金枯竭，各項金融投資大幅虧損，無力償還國際存戶的本息。此國應是下列哪國？
    (A) 冰島　　　(B) 希臘　　　(C) 英國　　　　(D) 愛爾蘭

第 29-30 題為題組

　　中國自 2002 年加入世界貿易組織後，東北農民就面臨進口穀物的競爭壓力，其中本地大豆的產地價格經常高於進口大豆的到岸價格，且水份含量較高而出油率較低，因此造成滯銷現象，嚴重影響東北農業發展。

29. 下列哪國近年大量墾伐森林，闢為耕地，生產大豆外銷到中國等國家？
    (A) 美國　　　(B) 巴西　　　(C) 馬來西亞　　(D) 波蘭

30. 中國為解決東北大豆農業的困境，所推出的農業政策為：
    (A) 對進口大豆提高關稅，提高價格競爭力
    (B) 大豆田轉作具市場價值的其他經濟作物
    (C) 政府以保證價格收購大豆，保障農民權益
    (D) 提高大豆品質檢測標準，降低大豆進口數量

第 31-32 題為題組

圖 14 為歐洲法國、挪威、丹麥、
英國等四國 2008 年各種能源消
費結構的百分比圖，顯示各國能
源政策的差異。

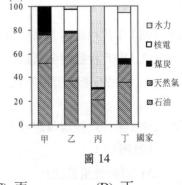

圖 14

31. 從能源形式估計，哪個國家的平
均每單位能源二氧化碳排放量最
低？
(A) 甲 　　　(B) 乙 　　　(C) 丙 　　　(D) 丁

32. 依據圖 14，甲、乙、丙、丁依序是哪個國家？
(A) 丹麥、英國、挪威、法國 　　(B) 法國、丹麥、英國、挪威
(C) 挪威、英國、法國、丹麥 　　(D) 英國、法國、挪威、丹麥

第 33-35 題為題組

拉丁美洲因為氣候濕熱，各種傳染病肆虐，其中埃及斑蚊是傳
染登革熱的主要媒介。1970 年代泛美衛生組織（Pan American
Health Organization）大力
推動滅蚊運動，使得埃及
斑蚊的分布大幅縮小，但
是 1980 年代以後因環境
保護意識抬頭，導致滅蚊
運動終止，埃及斑蚊分布
再度擴大（圖 15）。

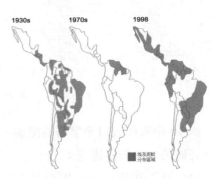

圖 15

33. 1970 年代以後埃及斑蚊分布的向北方向擴散傾向於什麼型式？
    (A) 位移式　　　　(B) 擴張式　　　　(C) 階層式　　　　(D) 混合式

34. 1980 年代以後埃及斑蚊分布再度擴大的原因是：
    (A) DDT 殺蟲劑全球禁用　　　　(B) 氣候變遷，雨量增加
    (C) 居民的衛生習慣不佳　　　　(D) 都市化區人口密度高

35. 1980 年代以後埃及斑蚊分布在亞馬孫河流域並未見明顯的擴散，
    其原因是：
    (A) 雨林大量被砍伐　　　　(B) 部落居民已具滅蚊技術
    (C) 人口稀疏密度低　　　　(D) 氣候異常蚊蟲不易繁殖

第 36-37 題為題組

人口金字塔的型態不僅能顯示該國人口結構與人口轉型階段，同時也能反映該國社經發展的程度。圖 16 為四種型態的人口金字塔圖。

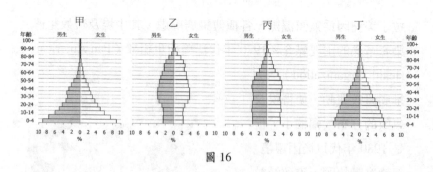

圖 16

36. 圖 16 中四種人口金字塔的型態，若依人口轉型階段的前後，其正確的排列順序應是：
    (A) 甲乙丙丁　　(B) 甲丙丁乙　　(C) 甲乙丁丙　　(D) 甲丁丙乙

37. 圖 16 的丙、丁兩種人口金字塔型態依序與下列哪兩個國家 2009 年人口年齡結構最相似？
    (A) 德國、索馬利亞
    (B) 日本、巴西
    (C) 丹麥、阿曼
    (D) 美國、菲律賓

第 38-40 題為題組

　　智利北部的一個漁村，過去生活用水需由外來的水車供應。當地人利用此地多霧（霧日達 300 天）的特殊氣候環境，在附近山區以木椿架設 50 平方公尺大小的網，網上的細孔可攔沾霧滴，霧水沿網而下，由塑膠管集水供應山下居民。有霧的日子中，這些網平均一天每平方公尺可得到 4 公升的水，一天可供應 10,000 公升的水。

38. 下列哪個地區的氣候型態與上述漁村最為類似？
    (A) 北非西海岸
    (B) 加州沿海
    (C) 南非西南角沿海
    (D) 西班牙沿海

39. 智利北部重濕多霧最主要原因是：
    (A) 強烈日照使得海水大量蒸發
    (B) 副熱帶高壓帶使地面蒸發的水氣不易擴散
    (C) 沙漠夜間地面輻射冷卻成霧
    (D) 沿岸有涼流經過使下層大氣降溫到達飽和

40. 參照台灣的農村四口之家一天的用水量約為 100 公升，而以色列則約為 40 公升的供水情形。推論一個地方具有哪些條件才有可能運用如文中所述的水資源利用方式？
    甲、人口數量多，使用水成本低　乙、人口數量少，總耗水量不多
    丙、天然水源稀少，水資源匱乏　丁、人口密度高，供水方便
    (A) 甲乙
    (B) 乙丙
    (C) 丙丁
    (D) 甲丁

## 貳、非選擇題（20分）

說明：共有二大題，每題包括5個子題，每一子題的配分標於題末。<u>作答都要用筆尖較粗之黑色墨水的筆書寫</u>。各題應在「答案卷」所標示之大題號（一、二）之區域內作答，並標明子題題號（1、2、…）。違者將酌予扣分。

一、　非洲迦納東北部的巴庫（BAWKU）地區全年分為乾、濕兩個季節，深深影響居民日常的活動空間與勞務時間的配置。女人為維繫家庭，一天最主要勞動的時間分配如表1所示。薪材來源除了在附近山林撿拾之外，農作物收成後的禾稈（如：玉米稈）亦是重要的來源。供水除前往取水點取水之外，天然雨水收集亦是重要來源。農村的買賣活動，多在作物收成後且生產有剩餘的時候才進行。1984年該地區乾旱，全年缺水；1991年則是多水年。

表1　　　　　　　單位：小時

| 年代<br>項目 | 1984 | | 1991 | |
|---|---|---|---|---|
| 季　　　節 | 甲 | 乙 | 甲 | 乙 |
| 家　　　務[a] | 5.6 | 6.4 | 4.6 | 5.1 |
| 家屋菜圃 | 1.5 | 0.6 | 1.4 | 0.4 |
| 生產工作[b] | 3.3 | 2.3 | 4.1 | 5.2 |

a. 家　　務：煮飯（撿拾薪材）、取水、照顧小孩、清潔
b. 生產工作：農事、釀造、食物加工、手工藝等

1. 依據上文所述，表1中的甲為何種季節？（2分）

2. 表1家務項中撿拾薪材與取水是最花費時間的兩項工作，為何花費的時間乙季節比甲季節多？（2分）

3. 該地 1991 年婦女在家務上花費的時間少於 1984 年是因為撿拾薪材時間縮減所致。撿拾薪材的時間得以縮減之主要原因為何？（2分）

4. 依據上文所述，該地居民從事買賣活動最可能會在何種季節進行？（2分）

5. 該地的農業屬於何種農業類型？（2分）

二、2009 年 9 月曾有船隻在中國三峽大壩以東的宜昌附近因水位降低而觸礁，同年 10 月三峽水庫的蓄水位在 170 公尺附近時，管理單位沒有繼續蓄水至工程所規劃的「正常蓄水位」175 公尺，便開始排放庫水。水庫建設同時亦具有提升長江航道機能的效益，並對南水北調的營運有所助益。

1. 管理單位沒有將蓄水位提升至 175 公尺，最可能的原因應是長江中下游遭受哪種自然災害所致？（2分）

2. 三峽水庫規劃的蓄水位在不同的季節會有所不同，在雨季來臨前，管理單位會將蓄水位降至 145 公尺，目的是要發揮水庫的何種功能？（2分）

3. 按三峽工程的規劃，水庫完成後配合船閘調節水位，萬噸輪船可由長江口上溯至哪個港市，使長江「黃金水道」的航運機能更得以提昇？（2分）

4. 依據計畫，三峽水庫兼有輸水至漢江上游的丹江口水庫的任務，其目的是為支援「南水北調」方案中哪線工程所需的水源？（2分）

5. 學者認為「南水北調」後，長江流域的血吸蟲病會擴散至北方溫帶地區。此類問題可在非洲哪條河川大型水利工程完工後，血吸蟲病沿著灌溉渠道擴散的經驗得到佐證？（2分）

# 九十九年度指定科目考試地理科試題詳解

## 壹：選擇題

<u>第 1-3 題為題組</u>

1. **C**

　【解析】台灣西南沿海地區因超抽地下水，導致地層下陷（彰化、雲林、屏東尤為嚴重）、海岸線後退、土地資源流失、排水不易、海水倒灌，近年全球暖化海平面上升，此現象更明顯。

2. **B**

　【解析】(1) 甲→緬甸、乙→孟加拉、丙→巴基斯坦、丁→阿拉伯聯合大公國。

　　　　　(2) 孟加拉國大多位於平原和恆河、布拉馬普特拉河沖積的三角洲上，地勢低平，河川流速緩慢，泥沙淤積，故國土易受海水倒灌及水患之苦的比例最大。

3. **A**

　【解析】(1) 屈公病：① 人類經由帶屈公病毒之埃及斑蚊或白線斑蚊叮咬而感染，會出現發燒、頭痛、噁心、嘔吐、肌痛、出疹，與登革熱症狀類似。

　　　　　　　　　　② 流行區域：撒哈拉沙漠以南的非洲和南美洲、亞洲的熱帶地區。

　　(2) 全球暖化造成熱帶疾病（屈公病、登革熱等）由赤
　　　　道向南、北兩側擴張的現象。

　　(3) (A) 義大利位撒哈拉沙漠之北，因全球暖化使病媒
　　　　　　蚊北遷，出現屈公病案例。

　　　　(B) 貝里斯→中美洲
　　　　(C) 甘比亞→西非　　　　　　均位於熱帶地區
　　　　(D) 吉里巴斯→大洋洲

第 4-6 題為題組

4. **D**

【解析】　(1) GPS 每 10 秒記錄一點，小明坐在河畔 10 分鐘，可
　　　　　　記錄 60 點。但圖中各點不在同一位置，此因定位
　　　　　　時受大氣與其他因素干擾而產生誤差。

　　　　　(2) GPS 原為提供美國軍事用途，軍方為防止民間得到
　　　　　　精確資料而危害國家安全，會加入雜訊干擾，降低
　　　　　　GPS 精確度，稱為 SA（Selective Availability）效應，
　　　　　　其定位誤差約 100m 以內，為了提高精確度，一般
　　　　　　採用「差分定位」校正，精確度提升至 2～5m。

5. **B**

【解析】　由 GPS 每 10 秒的點位記錄可判斷出：

　　　　　(1) 上升陡坡（丁段）：點位較密→因上坡速度慢，費
　　　　　　時較長。

　　　　　(2) 下降陡坡（丙丁段）：點位較稀→因下坡加速，費
　　　　　　時較少。

　　　　　(3) 上升緩坡（乙丙段）：點位略密。

　　　　　(4) 下降緩坡（甲乙段）：點位略稀。

6. **A**

【解析】 台灣二度分帶座標使用橫麥卡托投影，故地圖方向正
確。

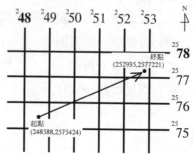

(1) 座標原點：位 121°E 和赤道交點西方 250,000 公尺
處。

(2) 縱座標： （248588）代表距離座標原點赤道向北
248,588 公尺。

（252935）代表距離座標原點赤道向北
252,935 公尺。

(3) 橫座標： （2575424）代表距 121°E 座標原點向東
2575,424 公尺。

（2577221）代表距 121°E 座標原點向東
2577,221 公尺。

第 7-8 題為題組

7. **D**

【解析】 (A) 表土層鐵、鋁物質因「洗出作用」帶至底土層。

(B) 熱帶高溫多雨淋溶旺盛，表土層的鐵、鋁物質因無
法淋溶而殘留表土層，使土壤呈現紅色或黃色。

(C) 因洗入作用而澱積，聚鐵、鋁作用強盛。

8. **C**

　【解析】 乙、腐植質因高溫而分解速度較快。

　　　　　丁、土壤底土層多氧化鐵、氧化鋁澱積。

## 第 9-10 題為題組

9. **D**

　【解析】 午後地面吸收大量太陽短波輻射熱能後，再將熱能以長波輻射反射至近地面的大氣中，由 $CO_2$、$H_2O$ 等吸收，因此愈接近地表的溫度愈高。

10. **A**

　【解析】 甲：一日之中以日出前的氣溫最低。

　　　　　乙：夜間因地面散熱至低空，形成下暖上冷，易出現逆溫現象。

　　　　　丙：早晨

　　　　　丁：午後

## 第 11-12 題為題組

11. **C**

　【解析】 (1) 土石流盛行地區：地勢陡峭的溝谷或溪流，土石流順著溪谷奔洩而下，在谷口處因坡度減緩而堆積。

　　　　　(2) 甲位溝谷口、河岸邊，乙位峽谷口、陡崖下，丁位溝谷谷口，均為容易發生土石流與洪患的位置。

　　　　　(3) 丙聚落邊坡較緩且位河階面上，高於河面，不易有洪患與土石流。

12. **B**

【解析】 (1) 土石流的引發需要大量土石供應，邊坡崩塌是其土石主要來源。

(2) 台灣山區歷經颱風、地震、地層破碎，政府護坡措施主要目的是減少地層滑動（走山）、邊坡崩塌碎石滑落河床的機會，降低土石的供應以防患土石流的發生。

13-14 為題組

13. **A**

【解析】 1. 將行政區與都市計劃分區疊圖，請見下圖：

|  | 自強里 |  |
|---|---|---|
| 商 | 商 | 商 | 住 |
| 商 | 住 | 住 | 住 |
| 工 | 工 | 住 | 住 |
| 工 | 工 | 工 | 住 |

復興里 / 敦化里

2. 再將網格人口依土地利用類別（商業、住宅、工業），按 3：5：2 比例，假設復興里商業、住宅、工業在網格內的人口數為 $3x$、$5x$、$2x$ 人，請見下圖所示：

人口總數：11,000 人 ◀----- 

網格人口總數：22x

|  |  | 自強里 |  |
|---|---|---|---|
| 3x | 3x | 3y | 5y |
| 3x | 5x | 5y | 5y |
| 2x | 2x | 5z | 5z |
| 2x | 2x | 2z | 5z |

復興里 / 敦化里

3. 復興里人口總數 11,000 人＝網格人口總數 22x

$$22x = 11,000人 \qquad \therefore x = 500人$$

故復興里網格代碼 6 爲住宅區，人口 5x = 2,500人

14. **B**

【解析】 將敦化里的地價與人口數疊圖，請見下圖：

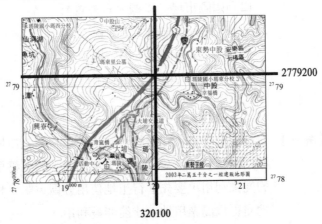

網格代碼 11 的人口最多（5z），地價最低（70 萬元），
是新店鋪最佳設立地點。

15-17 爲題組

15. **C**

【解析】 請見圖示：

16. **A**

【解析】 國道 3 號走山災變原因是修築高速公路時將順向坡的
坡角移除，造成大片岩層沿坡面下滑，此相象稱為
「地滑」。

17. **D**

【解析】 1. 大埔交流道附近等高線密集顯示當地為陡坡，與甲
地之間無地形阻隔。

2. (A) 向西北遠眺時被中股山的稜線阻擋，無法眺望瑪
西分校。

(B) 由等高線判讀高速公路沿線無河階地形。

(C) 蔗田的圖例是：　　　　

故東南山坡是一般旱作地。

第 18-20 為題組

18. **B**

【解析】 1. 台灣在 1960 年代在國際港埠（高雄、台中港）設加
工出口區，利用台灣優質勞工，加工後工業產品出
口到國際市場，以擴大對外貿易。

2. 例如： ① 高雄加工出口區。

② 楠梓加工出口區（高雄）。

③ 台中潭子加工出口區。

19. **C**

【解析】 台灣產業外移，知識經濟興起，服務業人口增加，產
業結構轉變，老舊工業區土地閒置，若要轉型為賣場
的商業利用，要先進行土地使用分區重劃，將工業用
地變更為商業用地，才能開發利用。

20. **D**

【解析】甲、近年中國經濟起飛後，於 2007 年調降 2000 多項
產品的出口退稅率，使傳統產業的台商成本上升。
2010 年鴻海員工跳樓事件，引發中國工資全面調
漲及罷工風潮，因而出現台商回流現象。

丁、台灣政府為吸引台商回流，提供土地租金優惠、
技術研發輔助、低利貸款、調降營業稅為 15%、
專案引進廉價外勞等措施。

第 21-23 題為題組

21. **C**

【解析】丙→「東部優質生活產業軸」是多元南島文化族群，
因開發晚，無工業汙染而保有一片淨土，山河景
觀優美，花東縱谷平原綠野稻香（如池上米），
生態農業發達。

甲→ 離島生態觀光區

乙→ 海洋環帶

丁→ 中央山脈保育軸。

22. **D**

【解析】

| 特　徵 | | 北部城市區域 | 中部城市區域 | 南部城市區域 |
|---|---|---|---|---|
| 甲 | 科學工業園區 | 新竹科學工業園區 | 中部科學工業園區 | 南部科學工業園區 |
| 乙 | 已營運捷運系統 | 有 | 無 | 有 |
| 丙 | 直轄市人口數 | 台北市 2,607,428人 | 台中市 1,073,635人 | 高雄市 1,527,914人 |
| 丁 | 機場和港口 | 松山機場 台北港 | 清泉崗機場 台中港 | 小港機場 高雄港 |

23. **C**

【解析】 (C) 照片→為澎湖群島的柱狀玄武岩所形成的熔岩台
　　　　　地。是塩基性火山（穩靜式）噴發形成的火山地
　　　　　形。

　　　　(A) 金門　(B) 馬祖→為沈水而成的大陸島，多花崗岩。

　　　　(D) 蘭嶼→是火山島，多集塊岩。

## 第 24-25 題為題組

24. **C**

【解析】 甲→古巴　乙→牙買加　丙→海地　丁→多明尼加。

25. **A**

【解析】 2010 年海地強震規模 7.0，震央位首都太子港以西約
　　　　16 公里處，震源距地表僅 10 公里。因震央近首都太
　　　　子港，中美各國多「首要型都市」，附近人口密集，
　　　　故傷亡慘重。

## 第 26-28 題為題組

26. **D**

【解析】 在經濟全球化下，亞洲許多國家產業以廉價組裝和農
　　　　產加工業的出口為主，已開發國家大量購買亞洲國家
　　　　低價製品，使亞洲各國產業高度擴張，長期依賴國外
　　　　市場，一旦全球發生金融海嘯，出口受抑制，貿易逆
　　　　差擴大。

27. **B**

【解析】 亞洲部分國家為吸引外資，採金融自由化，使國際熱錢不斷流入，房地產、股市飆漲。例如泰國取消金融管制，外資熱錢自由進出，影響房市、股市起伏，最早成為金融風暴的受創國。

28. **A**

【解析】 1. 冰島 2007 年人均國民所得（GDP）排名世界第四。但 2008 年 10 月三大銀行倒閉，股、匯市大跌，國家面臨破產。

2. 1994 年冰島加入歐洲經濟區（EEA），採自由化經濟，至 2001 年由固定匯率改為浮動匯率，金融市場自由化，以高息、低稅率吸引國際資金，一旦外資因發生金融危機撤離，冰島立即面臨破產危機。

第 29-30 題為題組

29. **B**

【解析】 巴西大量砍伐亞馬孫的熱帶雨林以擴張農耕地，種植大豆、甘蔗等農作，目前大豆出口居世界第二。

30. **B**

【解析】 (A) 中國因加入WTO而無法提高大豆進口關稅或 (D) 禁止大豆進口。

(B) 中國東北地區昔稱「北大倉」，現因國外價廉質優的大豆等農產進口，造成中國農產品滯銷，稱之為

「新東北現象」。中國政府的政策由「農民種什麼，就收購什麼」轉爲「市場需要什麼，就引導農民種什麼」，將大豆田轉作市場需要的其他經濟作物。

第 31-32 題爲題組

31. **C**

【解析】 丙國能源中水力發電占 70%，因水電不易產生 $CO_2$，故平均每單位能源二氧化碳排放量最低。

32. **A**

【解析】 甲→ 丹麥：境內無核電廠。

乙→ 英國：以火力發電（石油、天然氣、煤）爲主。

丙→ 挪威：多富水力的冰河地形又位基阿連山西側，面迎西風，故富含水力資源。

丁→ 法國：國內能源礦產不豐，1973 年發生石油危機後開始發展核電，核電比例居世界第一。

第 33-35 題爲題組

33. **B**

【解析】 埃及斑蚊分布的向北擴散，在附圖中可判讀出由病源中心向北連續無間斷的擴散，因此屬「擴張式」。

34. **A**

【解析】 1980 年代以後因環保意識抬頭，禁用 DDT（二氯二苯三氯乙烷），因爲 DDT 不易分解且會累積於生物體，破壞生態環境。

35. **C**

　　【解析】　埃及斑蚊吸食登革熱病患的血後，帶病毒蚊再叮咬健
　　　　　　　康人，造成感染傳播。雨林區人口密度低，故登革熱
　　　　　　　不易擴散。

## <u>第 36-37 題為題組</u>

36. **D**

　　【解析】

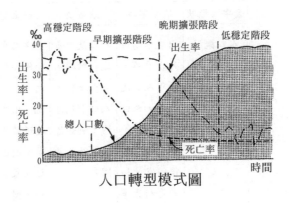

人口轉型模式圖

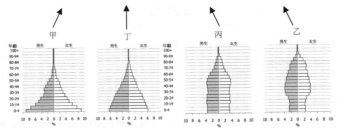

　　甲→ 高穩定階段：出生率高、死亡率高、老年人口少。

　　丁→ 早期擴張階段：出生率高，死亡率因環境改善
　　　　　（糧食、醫藥衛生）開始下降，壯年以上人口比
　　　　　例增多。

丙→ 晚期擴張階段：出生率開始下降，死亡率低，故
　　老年人口比例增多。

乙→ 低穩定階段：死亡率低，出生率低且有浮動，故
　　幼年人口比例低，人口面臨老化問題。

37. **D**

【解析】

| | 甲 | 乙 | 丙 | 丁 |
|---|---|---|---|---|
| 金字塔形狀 | 低金字塔 | 縮減型 | 靜止型 | 增長型 |
| 人口概況 | 出生率高但死亡率高，幼年人口比例高，人口總數不多，屬經濟較落後國家，如索馬利亞等非洲國家。 | 人口呈現負成長結構，有少子化、人口老化危機，例如德國等西北歐國家。 | 各年齡層的比例相對平均。死亡率低，出生率接近替代水準，屬已開發國家，例如美國。 | 死亡率降低出生率仍高，人口快速增加，例如菲律賓等東南亞國家。 |

**第 38-40 題為題組**

38. **A**

【解析】 1. 智利北部屬乾燥熱帶沙漠氣候：受副熱帶高壓壟罩
　　　　　 及秘魯涼流影響。

　　　　　北非西海岸亦屬熱帶沙漠氣候：受副熱帶高壓壟罩
　　　　　及加那利涼流影響。

　　　　2. (B) (C) (D) 均屬地中海型氣候。

39. **D**

【解析】 智利濱太平洋，沿海有秘魯涼流經過，因此海面氣溫下冷上熱，空氣穩定，水汽難以升騰致雨，近地面空氣富含水汽，因夜間地面輻射冷卻而冷凝成霧。

40. **B**

【解析】 文中取水法一天僅供應 10,000 公升水量，若台灣四口之家一天用水 100 公升，只能提供 100 戶（400 人）用水，故此種取水法僅適用於：（乙）人口數量少（丙）水源缺乏地區。

## 貳：非選擇題

一、 1. 濕季

　　 2. 乾季：缺水和禾稈，需費時尋找水源與薪材

　　 3. 1991 年為多雨年，禾稈較多

　　 4. 乾季

　　 5. 傳統農業（自給性農業）

二、 1. 旱災

　　 2. 蓄洪

　　 3. 重慶

　　 4. 中線工程

　　 5. 尼羅河

# 九十九學年度指定科目考試（地理）
# 大考中心公佈答案

| 題　號 | 答　　案 | 題　號 | 答　　案 |
|:---:|:---:|:---:|:---:|
| 1 | C | 21 | C |
| 2 | B | 22 | D |
| 3 | A | 23 | C |
| 4 | D | 24 | C |
| 5 | B | 25 | A |
| 6 | A | 26 | D |
| 7 | D | 27 | B |
| 8 | C | 28 | A |
| 9 | D | 29 | B |
| 10 | A | 30 | B |
| 11 | C | 31 | C |
| 12 | B | 32 | A |
| 13 | A | 33 | B |
| 14 | B | 34 | A |
| 15 | C | 35 | C |
| 16 | A | 36 | D |
| 17 | D | 37 | D |
| 18 | B | 38 | A |
| 19 | C | 39 | D |
| 20 | D | 40 | B |

# 九十九學年度指定科目考試
# 各科成績標準一覽表

| 科　目 | 頂　標 | 前　標 | 均　標 | 後　標 | 底　標 |
|--------|--------|--------|--------|--------|--------|
| 國　文 | 67 | 62 | 54 | 44 | 36 |
| 英　文 | 79 | 69 | 48 | 26 | 13 |
| 數學甲 | 79 | 65 | 45 | 25 | 14 |
| 數學乙 | 88 | 78 | 60 | 40 | 22 |
| 化　學 | 68 | 57 | 38 | 21 | 12 |
| 物　理 | 57 | 43 | 24 | 12 | 6 |
| 生　物 | 81 | 73 | 58 | 40 | 28 |
| 歷　史 | 75 | 68 | 57 | 43 | 31 |
| 地　理 | 63 | 56 | 46 | 34 | 26 |
| 公民與社會 | 52 | 44 | 34 | 23 | 16 |

※ 以上五項標準均取為整數（小數只捨不入），且其計算均不含缺考生之成績，
　計算方式如下：
　頂標：成績位於第 88 百分位數之考生成績。
　前標：成績位於第 75 百分位數之考生成績。
　均標：成績位於第 50 百分位數之考生成績。
　後標：成績位於第 25 百分位數之考生成績。
　底標：成績位於第 12 百分位數之考生成績。

例：某科之到考考生為 99982 人，則該科五項標準為

　　頂標：成績由低至高排序，取第 87985 名（99982×88%=87984.16，取整數，
　　　　　小數無條件進位）考生的成績，再取整數(小數只捨不入)。

　　前標：成績由低至高排序，取第 74987 名（99982×75%=74986.5，取整數，
　　　　　小數無條件進位）考生的成績，再取整數(小數只捨不入)。

　　均標：成績由低至高排序，取第 49991 名（99982×50%=49991）考生的成績，
　　　　　再取整數(小數只捨不入)。

　　後標：成績由低至高排序，取第 24996 名（99982×25%=24995.5，取整數，
　　　　　小數無條件進位）考生的成績，再取整數(小數只捨不入)。

　　底標：成績由低至高排序，取第 11998 名（99982×12%=11997.84，取整數，
　　　　　小數無條件進位）考生的成績，再取整數(小數只捨不入)。

心得筆記欄

# 九十八年大學入學指定科目考試試題
# 地理考科

## 壹、單選題（80分）

說明：共有40題，請選出一個最適當的選項，標示在答案卡之「選
擇題答案區」。每題答對得2分，答錯或劃記多於一個選項
者倒扣2/3分，倒扣到本大題之實得分數爲零爲止。未作答
者，不給分亦不扣分。

1. 相對於美國—墨西哥、以色列—巴勒斯坦邊界興建阻止人民自由
往來的「界牆」，下列哪些國家之間已撤除邊境管制，人民可以
自由往來？
(A) 土耳其、法國、德國、義大利
(B) 冰島、丹麥、挪威、瑞典
(C) 瑞士、瑞典、愛爾蘭、保加利亞
(D) 匈牙利、羅馬尼亞、捷克、塞爾維亞

2. 國內部分產業在國際市場上面臨區域的貿易整合危機，例如台灣
石化業部分產品在2008年已被中國課徵6.5%的反傾銷稅，但
隨著中國於2010年加入某區域組織生效後，該組織內成員國輸
往中國的相關產品的關稅會降至0。因台灣尚未加入該組織，使
得台灣的石化、機械及汽車等產業在銷往該組織的成員國時，均
會受到差異關稅的影響。請問這個區域結盟組織是：
(A) 歐盟　　　　　　　　(B) 亞太經濟合作組織
(C) 東協加一　　　　　　(D) 經濟合作與發展組織

3. 某高中舉辦分組地理考察活動，各組同學進行實察的過程中，需
要處理的工作項目包括：（甲）繪製地圖、統計圖表等展現資料；
（乙）利用相機與 GPS 或地圖作紀錄；（丙）規畫實察路線；（丁）
蒐集、整理考察地區的文獻和圖片。試問其工作項目的先後步驟
為何？
(A) 甲乙丙丁　　　　　　　(B) 乙甲丁丙
(C) 丙丁甲乙　　　　　　　(D) 丁丙乙甲

4. 試由圖 1 判別 2008 年中國從事何種產業的人口所得偏低的問題
最嚴重？
(A) 第一級產業
(B) 第二級產業
(C) 第三級產業
(D) 第四級產業

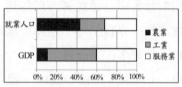
圖 1

5. 2008 年年底，聯合國「糧食暨農業組織」警告，許多較富裕國家
如南韓、杜拜等的政府與企業，為確保長期的糧食供給安全，正
大舉租用甚至收購開發中國家的農地。請問是這些國家的哪種國
內因素，導致作出這樣的決策？
(A) 農民人口增加　　　　　(B) 農民人口的老化
(C) 飲食習慣的改變　　　　(D) 可耕地的開發已近飽和

6. 「1990 年代全球金融自由化，已開發國家的過剩資金，長期大量
流向新興工業化國家尋找獲利機會。但自 2008 年金融海嘯襲捲全
球，已開發國家的跨國公司、銀行及投資機構為提高資金的流動
性，弭平虧損，紛紛將海外子公司的獲利或資產變現匯回母國」。

請問當資金大量回流已開發國家時，對新興工業化國家的金融層面會帶來甚麼影響？

甲、貨幣貶值　　　　　　　乙、貨幣升值

丙、資產的市場價格下跌　　丁、資產的市場價格上升

(A) 甲丙　　　(B) 乙丁　　　(C) 乙丙　　　(D) 甲丁

7. 圖 2 為某地的氣候水平衡圖，該地的自然景觀最可能是下列哪種類型？

(A) 沙漠

(B) 草原

(C) 莽原

(D) 季風林

圖 2

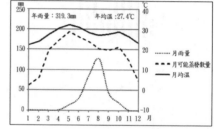

8. 在永續利用原則下，人類使用的水資源量受限於各種水體的儲存量，及此儲存量循環更新的時間。如更新時間愈快，可循環利用的水量就愈多。表 1 為全球淡水量的部分數據，請問在人類每年合理開發利用下，可以從以下哪種水資源獲得最多的淡水？

表 1 地球上部分淡水域的儲存水量和更新時間　　　　單位：$10^3 km^3$

| 水體 | 固態水（冰雪） | 地下水 | 湖泊 | 河水 |
|---|---|---|---|---|
| 儲存量 | 24,230 | 10,100 | 91 | 1.2 |
| 循環更新時間 | 9,700 年 | 840 年 | 17 年 | 16 天 |

(A) 冰川　　　(B) 地下水　　　(C) 湖泊　　　(D) 河水

9. 土壤顆粒在風或水等外營力作用下從地面被移除的現象稱為「土壤侵蝕」。土壤侵蝕的程度與土壤本身的特性、外營力作用的方

式和大小、植被狀況以及人為活動等因素有關。長期而言，在具
有相似的地質及地形條件且未經人為干擾的狀況下，位於下列哪
個氣候區的集水區所產生之年平均土壤侵蝕量最可能居於首位？

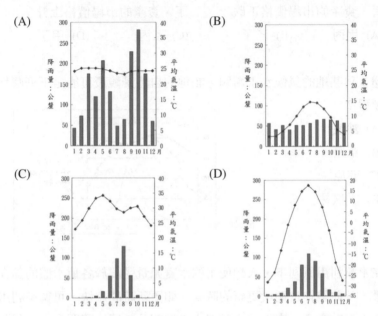

第 10-12 題為題組

1990 年代始，印尼經濟快速發展，但環境問題隨之凸顯，其中
又以空氣污染最為嚴重。自 90 年代末期迄今，空氣污染問題不
僅影響航海與航空運輸，也損害居民的健康。此外，煙霾常隨
著盛行風吹往北方，致使鄰近國家亦深受空氣污染之苦。請問：

10. 下列各項產業活動中，何者與印尼近年來飽受空氣汙染所苦一事
    的關聯性最「小」？
    (A) 採挖錫礦          (B) 擴大耕地
    (C) 種植油棕          (D) 砍伐森林

11. 印尼（特別是蘇門答臘島）的空氣污染災害，在下列哪些月份對馬來西亞與新加坡的影響最大？

(A) 4－5 月　　　　　　　(B) 6－9 月

(C) 10－11 月　　　　　　(D) 12－翌年 3 月

12. 當蘇門答臘發生嚴重空氣污染，通過下列哪個國際海峽的船隻，必須有導航設備才可航行？

(A) 巴士海峽　　　　　　　(B) 巽他海峽

(C) 對馬海峽　　　　　　　(D) 麻六甲海峽

第 13-14 題為題組

台灣沿海地名中有「岬」、「頭」、「鼻」、「角」者甚多，例如「野柳岬」、「貓鼻頭」、「鵝鑾鼻」、「富貴角」等。請問：

13. 所謂「岬」、「頭」、「鼻」、「角」者，一般是指以下何種地形？

(A) 海岸線呈內凹的一個灣　(B) 被海水淹沒的海岸谷地

(C) 和岸線平行的一道沙脊　(D) 海岸線向海突出的濱岸

14. 這種「岬」、「頭」、「鼻」、「角」的地形景觀，有何環境重要功能？

(A) 常做為貨物運輸港口　　(B) 常成為海岸防衛的戰略要地

(C) 常成為海灘旅遊勝地　　(D) 常成為生態多樣的自然棲地

第 15-16 題為題組

近年全球環境變遷，中國大陸西北土地沙漠化情況嚴重，致使台灣地區每逢冬春之交，常見沙塵暴災害。台灣近年在颱風來臨前或東北季風盛行期間，也常出現地區性的沙塵事件。請問：

15. 中國西北土地沙漠化的原因，可能與哪些自然和人文條件最直接相關？

　　甲、氣候長期乾旱缺水　　　　乙、長期灌溉土壤鹽化

　　丙、開闢農田灌溉渠道　　　　丁、開闢道路交通網絡

　　戊、擴大牲畜放牧範圍

　　(A) 甲乙丙　　(B) 乙丙丁　　(C) 甲乙戊　　(D) 甲丁戊

16. 上述台灣的地區性沙塵事件，最可能發生在何種環境？

　　(A) 平原耕作地　　　　　　(B) 山區崩塌地

　　(C) 河口灘地　　　　　　　(D) 沼澤灘地

## 第 17-19 題為題組

　　結合地理資訊技術的無線計程車派遣系統，將大幅度地改善計程車營運的效率。圖3為某顧客叫車時各計程車的分布位置及其交通路網資訊，「甲」至「戊」為計程車編號，數字為道路的代碼，表2為交通路網的屬性資訊。請問：

表2

| 代碼 | 長度（公尺） | 通過時間（分鐘） | 名稱 |
|---|---|---|---|
| 1 | 390 | 7 | 中華西路 |
| 2 | 231 | 2 | 中華東路 |
| 3 | 580 | 5 | 中正路一段 |
| 4 | 300 | 8 | 中正路二段 |
| 5 | 200 | 5 | 仁愛路二段 |
| 6 | 550 | 4 | 仁愛路三段 |
| 7 | 400 | 2 | 中山路一段 |
| 8 | 100 | 2 | 中山路二段 |
| 9 | 420 | 1 | 新興路 |
| 10 | 250 | 5 | 大有街 |

圖3

17. 利用地理資訊系統的路網分析功能，哪輛計程車距離顧客叫車地點不到四百公尺？

(A) 甲　　　　　(B) 乙　　　　　(C) 丙　　　　　(D) 丁

18. 經由地理資訊系統的最佳路徑分析，派遣哪輛計程車到顧客叫車地點所花時間最久？

(A) 乙　　　　　(B) 丙　　　　　(C) 丁　　　　　(D) 戊

19. 如果顧客叫車地點現場發生緊急事故，有傷者需要緊急運送至編號「戊」所在地的醫院，請問經由下列哪一派遣路線最快到達醫院？

(A) 派遣「甲」計程車直行中華西路、中華東路轉中山路至醫院

(B) 派遣「乙」計程車直行中正路一段轉中華東路再直行中山路至醫院

(C) 派遣「丁」計程車沿大有街，來回中華東路轉中山路至醫院

(D) 派遣「戊」計程車直行中山路轉中華東路，再沿原路線返回

第 20-21 題為題組

　　「違建」的貧民區是中南美洲很多大都市長久存在的地景，並且這種土地利用的方式在很多都市還在擴張之中。學界對此的意見頗為兩極，一派認為「貧民區」是這些都市很多問題的根源，一派認為「貧民區」就是這些都市解決其問題的方式。請問：

20. 「貧民區」對這些國家帶來的「正向」的影響是：

甲、提高都市就業機會　　　乙、增加農民脫離凋蔽農村的機會

丙、利於 M 型社會的發展　　丁、為大量都市居民提供居所

戊、勞工失業沒有收入時，也不致流離失所

(A) 甲乙丙　　(B) 乙丙丁　　(C) 甲丙戊　　(D) 乙丁戊

21. 「貧民區」對這些國家帶來的「負面」影響是：

甲、疾病與罪惡的溫床

乙、加速都市人口老化

丙、成爲政治與社會動亂的根源

丁、非法佔據都市土地，阻礙都市的發展

戊、提供大量基礎設施形成政府的財政負擔

(A) 甲乙丁　　　(B) 乙丙戊　　　(C) 甲丙丁　　　(D) 丙丁戊

第 22-24 題爲題組

表 3 爲四個國家在同一年度中的糧食作物生產的統計表。請問：

22. 甲乙兩國如要改善農業的經營，所應致力的發展方向應是：

(A) 小農場制　　　　　　　　(B) 精緻農業

(C) 提高每人產量　　　　　　(D) 提高單位面積產量

表 3

| 糧食作物生產統計 | 甲 | 乙 | 丙 | 丁 |
|---|---|---|---|---|
| 每公頃肥料使用量（公斤） | 108.8 | 53.7 | 250.8 | 191.9 |
| 每公頃收穫量（公斤） | 1,956 | 977 | 2,495 | 3,150 |
| 平均每人收穫量（公噸） | 121.7 | 140.6 | 6.1 | 79.2 |
| 平均每人耕地面積（公頃） | 145.6 | 186.6 | 2.1 | 37.9 |

23. 最可能是大規模生產穀物的國家爲：

(A) 甲乙　　　(B) 丙丁　　　(C) 乙丁　　　(D) 甲丙

24. 丙丁兩國的農業特性應是：

(A) 單位面積收穫量低　　　　(B) 平均每人收穫量高

(C) 農業集約化程度高　　　　(D) 農場平均耕地面積大

第 25-26 題為題組

都市不同社區的發展程度或機能的差異，反映在社區人口遷移的結構上，圖 4 為某都會社區在某年的分齡人口移出、移入數量的統計圖。請問：

25. 據圖 4 資料研判，該社區最應該增加哪種職業人力？
　　(A) 醫療看護　　　　　(B) 高科技人才
　　(C) 建築工人　　　　　(D) 幼稚園老師

26. 從社區分齡人口的移出、移入狀況看，該社區最可能屬都市地域中的下列哪區？
　　(A) 郊區
　　(B) 工業區
　　(C) 行政區
　　(D) 中心商業區

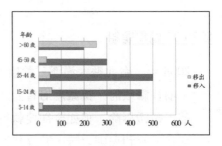

圖 4

第 27-29 題為題組

中國勞動力約是美國、歐盟、日本勞工總和的二倍，因此中國成為世界工廠。但過去幾年外商開始抱怨勞力短缺、工資上漲過快，至 2008 年金融海嘯，經濟衰退，問題才暫告減緩。請問：

27. 中國農業勞動力約佔總勞動力的 24%，然而已發展國家約僅佔 3%。如果要自農業部門釋放更多的勞動力到工業部門，則中國的農業將會朝向下列何種方式發展？
　　(A) 機械化　　　　　　(B) 精緻農業
　　(C) 休閒農業　　　　　(D) 集體農場

28. 中國 20 至 29 歲的勞動力已由 1990 年的 2.33 億減到 2005 年的
　　1.65 億。這是因為下列哪種人口現象的影響所致？
　　(A) 人口老化　　　　　　　　(B) 人口移出
　　(C) 出生率下降　　　　　　　(D) 死亡率提高

29. 為因應勞工成本的上揚，某出口導向廠商計畫將沿海工廠的員工
　　由 26 萬人降至 10 萬人，將生產基地轉向內陸地區，但此廠商的
　　工廠區位轉移的計畫所面臨的最大問題應是？
　　(A) 資金　　　(B) 土地　　　(C) 勞動力　　　(D) 交通運輸

第 30-32 題為題組

　　2008 年，台北縣大漢溪三鶯橋下的原住民違建戶在社運團體聲援
　　下前往縣政府，抗議縣府曾允諾於原住民族新部落規畫興建完成
　　前，暫緩拆除，但如今卻要執行拆除，要求縣府讓他們就地合法
　　居住。水利局則表示，該違建區位於河川地，依法無法讓原住民
　　就地居住，縣府多次協調違建戶搬遷到蓋好的原住民文化部落大
　　樓，並規畫在部落原址闢建農耕專用園區，提供原住民耕地，以
　　保有傳統文化，但現有居民不願搬進部落大樓，將繼續溝通協調。
　　請問：

30. 原住民由原鄉遷移至都市後，為什麼明知危險仍然選擇居住在三
　　鶯橋下行水區的聚落？
　　甲、社區的認同感　　　　　乙、居住空間較貼近大自然
　　丙、都市房價過高　　　　　丁、較佳的社會福利
　　戊、交通較為便捷
　　(A) 甲乙丙　　(B) 丙丁戊　　(C) 甲乙丁　　(D) 乙丙戊

31. 有關原住民遷至都市的現象，解釋正確的是：
    甲、原住民在原鄉謀生不易，屬於拉力
    乙、大都市生活條件優良形成拉力
    丙、城市有較好工作機會形成推力
    丁、子女在都市能有更好發展屬於拉力
    戊、文化與語言因素使原住民在都市謀生困難屬於中間障礙
    (A) 甲乙丙　　(B) 甲丙丁　　(C) 乙丁戊　　(D) 乙丙戊

32. 下列是社區規畫師在部落進行調查時，所記錄的各方對部落拆除
    事件的議論，其中哪項是正確的？
    (A) 當遇到河川地被佔用的問題時，可透過計畫變更方式重劃行
        水區來解決此問題
    (B) 靠近行水區之農耕專用園區接近水源，可以種植水稻，有利
        維繫原住民傳統文化
    (C) 即使這些原住民來自不同的原鄉，但共同的命運使得三鶯橋
        下的聚落成為一個社區
    (D) 上述爭議包含河川治理與都市原住民生存權利，而這兩項議
        題的孰輕孰重宜用投票決定

第 33-34 題為題組

　　台北橋位於淡水河最狹之處，建於清領末期，以連絡當時已日見
繁榮、住商密集的三重埔與台北大稻埕（圖 5）。淡水河防洪計
畫的規畫設計採用 200 年洪水頻率，則大漢溪、新店溪流入的設
計洪峰流量分別為 13,200、10,300CMS，但據估算台北橋在堤防
完工後最多只能通過 14,300CMS，遂形成水流瓶頸，洪流會受
阻迴堵。
請問：

33. 在淡水河防洪規畫中，是以下列哪種方案來解決台北橋的洪流瓶頸問題？
    (A) 此河段堤防加高以攔堵洪水
    (B) 此河段上游側闢建分洪道，以疏導洪峰流量
    (C) 台北橋引道加長，堤線後移、拓寬河道，以紓緩瓶頸
    (D) 關渡、五股與社子北部限建，闢為洪水管制區以滯洪

34. 河道若能加以濬深，洪流瓶頸即可解決，但台北橋段位於盆地區，下列哪種作用會使河道的疏濬功能無從發揮？
    (A) 襲奪　　　(B) 堆積
    (C) 回春　　　(D) 侵蝕

圖 5　1960 年代淡水河下游流域圖

## 第 35-36 題為題組

現在很多工業產品已從傳統單一工廠內的生產線延伸為跨國生產鏈的國際分工。請問：

35. 國際分工的生產模式對生產鏈所連結的各國或地區帶來的影響是：
    (A) 各國製造業的產值是以產品最終在何地組成來統計
    (B) 各國製造業的產值是以產品的本地附加價值來統計
    (C) 製造業者致力增加在生產鏈中所佔的產品重量比重
    (D) 製造業者致力增加在生產鏈中所投入的勞動力比重

36. 跨國生產鏈的組成會隨時間而變化，其連結的國家或地區並非固定不變。生產環節在地理上的變動主要是受下列哪種區位因子變化的影響：
   (A) 區位擴散　　　　　　　(B) 區位聚集
   (C) 比較利益　　　　　　　(D) 推拉因素

第 37-38 題為題組

　　台灣地區都市地價昂貴，許多市民未經主管建築機關審查許可取得執照，即擅自在建築物頂樓違章加蓋，容易造成各種都市問題。請問：

37. 在建築物頂樓加蓋違建物，對都市所可能帶來的不良影響包括：
   甲、景觀天際線的破壞　　　　乙、違反容積率限制
   丙、降低土地的價值　　　　　丁、違反建蔽率限制
   戊、增加對逃生、消防等公共設施的負擔
   (A) 甲乙丙　　(B) 甲丙丁　　(C) 甲乙戊　　(D) 乙丁戊

38. 舊社區的老舊公寓，較易出現加蓋違建，這種現象最能以下列哪種都市發展的概念來解釋？
   (A) 都市擴張　　　　　　　(B) 社區營造
   (C) 鄰避現象　　　　　　　(D) 土地使用分區

第 39-40 題為題組

　　台灣很多勞力密集型產業因大量外移而沒落，但彰化縣社頭鄉的織襪工業並未大量外移，反而是以維持其家庭外包的生產方式繼續留駐而成為當地的產業特色。請問：

39. 社頭織襪業以「家庭即工廠」的家庭代工，來取代工廠的一貫化
　　作業方式，具有哪些經營上的優勢？

　　甲、降低廠房、機器等固定成本

　　乙、可快速反應市場變化，更新產品設計

　　丙、工資可壓低至接近中國的工資水平

　　丁、使生產更具彈性，小量和量大的訂單均可承接

　　戊、原料、半成品與產品間的運輸成本可以降低

　　(A) 甲乙丁　　　(B) 乙丙戊　　　(C) 丙丁戊　　　(D) 甲丁戊

40. 台灣的織襪業在面臨國際激烈的競爭下，很多原設於高雄、苗栗、
　　台北的織襪廠都將工廠選移至社頭鄉或鄰近鄉鎮來繼續生產。請
　　問這些廠商的區位轉移是因為下列哪種經濟效益所致？

　　(A) 地方經濟　　　　　　　　(B) 聚集經濟

　　(C) 區域經濟　　　　　　　　(D) 全球化經濟

## 貳、非選擇題（20 分）

說明：　本大題共有二題，每題包括 5 個子題，每一子題的配分標於
　　　　題末。作答都要用較粗的黑色或藍色的原子筆、鋼珠筆或中
　　　　性筆書寫。各題應在「答案卷」所標示題號（一、二）之區
　　　　域內作答，並標明子題題號（1、2、…）。違者不予計分。

一、　台灣山區近年每逢颱風豪雨，土石流災害頻傳。土石流災害防治
　　　的首要工作就是判識具土石流潛勢的溪流，圖6是某防災中心所
　　　建立的判識準則，用以劃定土石流危險區。若危險區內有保全對
　　　象，則進一步規畫逃生路線（如圖7），實施防災教育宣導，以
　　　減少災害所帶來的損失。請問：

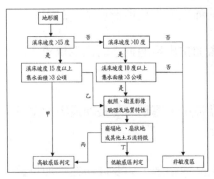

圖6

圖7

1. 圖6中按甲、乙、丙、丁順序填入的判別字（是或否）應為何？
（2分）

2. 圖6中，檢視集水區範圍內有否崩塌地存在，為何是判識土石
流潛勢的敏感程度的依據之一？（2分）

3. 圖6中，為什麼溪床坡度10度以下，會判識為土石流非敏感
區？（2分）

4. 圖7中若保全對象A有三條可能逃生路線（X、Y、Z），何
者較佳？（2分）

5. 如果你有某土石流潛勢溪流的災害危險區圖和附近住屋位置
分布圖，地理資訊系統的何種分析功能可以幫助你來決定危
險區內是否有保全對象？（2分）

二、 南亞的孟加拉由於區域環境的特性，人民的生活深受週期性洪汎
所影響。農民長期適應當地變動的水量與氣溫條件下，發展出三
季栽培的稻株：冬稻（boro），夏稻（aus），秋稻（aman）（圖
8）。請問：

1. 孟加拉的國土主要是透過何種地形作用所形成？（2分）

2. 是甚麼自然環境特性，使孟加拉出現週期性的洪氾現象？
（2分）

3. 孟加拉所發展的各種稻米品種中，哪類的生長期最短，屬於
早熟型的稻種？（2分）

4. 綠色革命所開發的雜交高產品種稻米，如要成功在孟加拉擴
大耕作面積，並延伸至雨季，取代原來的秋稻（aman），成
為二穫的稻作品種，在稻作農業系統中應推動的人文投入是
甚麼？（2分）

5. 試指出哪種全球環境變遷，會使孟加拉的淹水問題益形嚴重？
（2分）

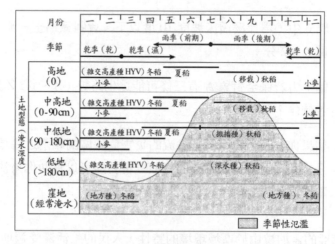

圖8

**九十八年度指定科目考試地理科試題詳解**

## 壹：選擇題

1. **B**

   【解析】 1. 申根公約最早由德、法、荷、比、盧五國在盧森堡
   申根簽署，1995 年 7 月生效，至 2009 年增為 25 個
   成員國，「申根區」成員國之間取消邊境管制。

   2. 申根公約國（共 25 國）

   | 2001 年<br>增為 15 國 | 比利時、荷蘭、盧森堡、法國、德國、<br>西班牙、葡萄牙、奧地利、義大利、<br>希臘、丹麥、瑞典、挪威、芬蘭、冰島 |
   |---|---|
   | 2007 年<br>增加 9 國 | 捷克、匈牙利、波蘭、斯洛伐克、<br>拉脫維亞、愛沙尼亞、立陶宛、馬爾他、<br>斯洛維尼亞 |
   | 2008 年 | 瑞士 |

   3. 申根公約實施後，台灣 3 個月以下之旅遊簽證，可
   一證照通行 25 國。

2. **C**

   【解析】 1. 東協十國：泰國、馬來西亞、菲律賓、印尼、新加
   坡（東協原始五國）、柬埔寨、汶萊、寮國、緬甸、
   越南。1967 年在曼谷成立。

   2. 東協 10＋1 合作機制：東協十國和中國合組「亞洲
   自由貿易區」，產品關稅陸續減免到零。

3. **D**

　　【解析】　地理考察步驟：實察前蒐集整理→規劃實察路線→實
　　　　　　察中記錄→實察後展現資料成果報告。

4. **A**

　　【解析】　由附圖判知：中國農業就業人口約占 42%，但農業產
　　　　　　值僅占 GDP 的 10%，故第一級產業的人口所得偏低。

5. **D**

　　【解析】　1. 南韓山脈以大白山為主幹，西側支脈眾多，由東北
　　　　　　　　向西南沒入黃海，平原僅分布於西側及南側，是人
　　　　　　　　口與耕地主要分布地區，可耕地的開發已近飽和。
　　　　　　　2. 阿拉伯聯合大公國的杜拜，濱波斯灣，屬沙漠氣候，
　　　　　　　　近年大規模填海造陸，建造港埠與觀光旅遊區，有
　　　　　　　　七星級的帆船飯店、全球最高的杜拜塔，已是中東
　　　　　　　　地區的轉運中心與金融中心，經濟與人口高度成長，
　　　　　　　　耕地開發已近飽和。

6. **A**

　　【解析】　已開發國家的跨國公司、銀行及投資機構，將海外子
　　　　　　公司獲利換成美元匯回母國，造成新興工業國貨幣貶
　　　　　　值。若將資產賣出變現匯回母國，則會使新興工業國
　　　　　　的資產市場價格下跌。

7. **A**

　　【解析】　1. 乾燥氣候分：(1) 草原氣候（年雨量 400mm∼200mm）
　　　　　　　　　　　　　　(2) 沙漠氣候（年雨量 200mm 以下）

2. 附圖年雨量 319.3mm 應屬草原氣候，但其「月可能蒸發散量」全年均大於「月雨量」，故全年無剩水，屬沙漠景觀。

8. **D**

【解析】 冰雪：$24,230 \div (9,700 \times 365) = 0.007$ 　　（單位 $10^3 km^3$）

地下水：$10,100 \div (840 \times 365) = 0.033$

湖泊：$91 \div (17 \times 365) = 0.015$

河水：$1.2 \div 16 = 0.075$ ----➔ 每日獲得的淡水最多

9. **C**

【解析】 C 圖的乾季長達 8 個月，乾季時平均氣溫高達 23℃以上，不利植物生長，可判知該地植被差，且雨量集中夏季，故集水區產生之年平均土壤侵蝕量居首位。

10-11 為題組

10. **A**

【解析】 印尼採錫，以挖地下礦坑方式開採，對空氣污染的關聯性最小。

11. **B**

【解析】 6～9 月有夏季西南季風（↗）及南半球東南信風因風

帶季移過赤道形成的西南風（ ——— $0°$赤道 ）吹拂，

使蘇門答臘島的空氣污染影響馬來西亞及新加坡。

12. **D**

【解析】 1. 麻六甲海峽：位新加坡與蘇門答臘島之間的國際海峽，溝通太平洋與印度洋的航運。

2. (A) 巴士海峽：位台灣島與呂宋島之間。

(B) 巽他海峽：位蘇門答臘與爪哇島之間。

(C) 對馬海峽：位韓國對馬島與日本九州島之間。

13-14 為題組

13. **D**

【解析】 「岬、頭、鼻、角」均指海岸線向海突出的地形。

14. **B**

【解析】 「岬、頭、鼻、角」的地形向海突出，利於海岸防衛，常成戰略要地。

15-16 為題組

15. **C**

【解析】 甲、氣候長期乾旱缺水

乙、長期灌溉土壤塩化

戊、擴大牲畜放牧範圍，造成地表缺乏植被，逐漸沙漠化。

16. **C**

【解析】 冬春之交正值台灣乾季，灘地細沙乾鬆，且河川下游河口堆積的灘沙粒徑細小，故易受強風揚起，出現區域性的沙塵。

## 17-19 為題組

17. **A**

【解析】 甲計程車經①號道路長 390 公尺可到達顧客叫車地點。

18. **C**

【解析】 乙計程車經③號道路，須時 5 分鐘；丙經⑨、⑧、②道路，費時 5 分鐘；丁經⑩、②道路須 7 分鐘；戊經⑦、⑧、②道路費時 6 分鐘。

19. **B**

【解析】 派「乙」計程車直行③中正路一段轉②中華東路在直行⑧、⑦中山路到醫院，須時11分鐘，最快到達。

## 20-21 為題組

20. **D**

【解析】 甲、都市的就業機會較多，吸引鄉村人口移入。
丙、M 型社會發展為「負面」影響。

21. **C**

【解析】 乙、農村移入都市貧民區的人口以青壯人口為主。
戊、貧民區「違建」林立，政府缺乏基礎設施。

## 22-24 為題組

22. **D**

【解析】 甲、乙兩國單位面積產量（每公頃收穫量）僅 1,956 公斤和 977 公斤遠低於丙、丁兩國的 2,495 公斤和 3,150 公斤。

23. **A**

【解析】　大規模生產穀物國家的特徵：

(1) 單位面積產量「低」，農作較粗放，集約度「低」。

(2) 總產量高，平均每人收穫量「高」。

(3) 平均每人耕地面積「大」。

24. **C**

【解析】　(A) 單位面積收穫量高。

(B) 平均每人收穫量低。

(D) 農場平均耕地面積小。

25-26 為題組

25. **D**

【解析】　由附圖可判讀出：社區人口遷移結構以幼年人口及壯年人口移入為主，其生育率較高，幼童較多，故宜增加幼稚園老師。

26. **A**

【解析】　5～14 歲幼年人口移入多，可判斷為郊區住宅區。

27-29 為題組

27. **A**

【解析】　農業機械化可大量減少中國農業勞動力。

28. **C**

【解析】 1. 中國 1970 年代推行「晚、稀、少」，最多生二個的計劃生育政策。

2. 中國 1980 年實施「一胎化政策」，嚴格限制婦女生育，故出生率下降。

29. **D**

【解析】 中國外匯存底居世界第一，資金、土地、勞動力充足，僅交通運輸仍待建設。

30-32 為題組

30. **A**

【解析】 丁、無社會福利可言

戊、位大漢溪三鶯橋下，交通並不便捷。

31. **C**

【解析】 甲、原住民在原鄉謀生不易，屬推力。

丙、城市有較好工作機會，屬拉力。

32. **C**

【解析】 (A) 河川地被佔用，政府必執行拆除，河川行水區不可輕易變更。

(B) 農耕專用園區原住民傳統文化，不包含水稻的種植。

(D) 此爭議應以河川治理為重，不宜投票決定。

## 33-34 為題組

33. **B**

【解析】　在淡水河台北橋上游側建「二重疏洪道」分洪，以疏
　　　　導洪峰流量。

34. **B**

【解析】　淡水河上游源於雪山山脈，坡陡流急，河道以侵蝕為
　　　　主，下游進入台北盆地，坡度變緩，流速減慢，堆積
　　　　作用增加。

## 35-36 為題組

35. **B**

【解析】　各國製造業的產值是以產品本地附加價值來統計。

36. **C**

【解析】　1. 比較利益：比較生產同一產品的各國，若某國機會
　　　　　　　成本較低，則表示該國生產此項產品有
　　　　　　　較高的比較利益，因而形成區域分工。
　　　　2. 比較利益隨時間而變化，故跨國生產鏈連結的國家
　　　　　亦產生變化。

## 37-38 為題組

37. **C**

【解析】　丙、頂樓加蓋，土地價值不變。
　　　　丁、違建無關建蔽率。

38. **A**

　【解析】 公寓加蓋違建，向外擴張居住空間，與「都市擴張」
　　　　　的發展概念相似。


**39-40 為題組**

39. **A**

　【解析】 丙、 工資雖可壓低，仍高於中國工資。
　　　　　戊、 原料、半成品，由運送工廠改運送到家庭工廠，
　　　　　　　故運輸成本相似。

40. **B**

　【解析】 台灣織襪廠遷移至社頭鄉附近生產，可發生「聚集經
　　　　　濟」效應。


## 貳：非選擇題

一、 1. 甲：是　　乙：否　　丙：是　　丁：否
　　 2. 供應大量土石
　　 3. 坡度小、流速慢
　　 4. X
　　 5. 疊圖分析

二、 1. 河流堆積作用
　　 2. 夏雨集中
　　 3. 夏稻
　　 4. 排水設施
　　 5. 全球暖化現象

# 九十八學年度指定科目考試（地理）
## 大考中心公佈答案

| 題　號 | 答　　案 | 題　號 | 答　　案 |
|:---:|:---:|:---:|:---:|
| 1 | B | 21 | C |
| 2 | C | 22 | D |
| 3 | D | 23 | A |
| 4 | A | 24 | C |
| 5 | D | 25 | D |
| 6 | A | 26 | A |
| 7 | A | 27 | A |
| 8 | D | 28 | C |
| 9 | C | 29 | D |
| 10 | A | 30 | A |
| 11 | B | 31 | C |
| 12 | D | 32 | C |
| 13 | D | 33 | B |
| 14 | B | 34 | B |
| 15 | C | 35 | B |
| 16 | C | 36 | C |
| 17 | A | 37 | C |
| 18 | C | 38 | A |
| 19 | B | 39 | A |
| 20 | D | 40 | B |

# 九十八學年度指定科目考試
## 各科成績標準一覽表

| 科　　目 | 頂　標 | 前　標 | 均　標 | 後　標 | 底　標 |
|---|---|---|---|---|---|
| 國　文 | 65 | 60 | 51 | 42 | 34 |
| 英　文 | 74 | 63 | 44 | 24 | 12 |
| 數學甲 | 74 | 59 | 38 | 20 | 10 |
| 數學乙 | 66 | 55 | 39 | 24 | 15 |
| 化　學 | 73 | 62 | 44 | 26 | 16 |
| 物　理 | 72 | 59 | 40 | 22 | 12 |
| 生　物 | 79 | 70 | 56 | 42 | 32 |
| 歷　史 | 68 | 61 | 52 | 39 | 29 |
| 地　理 | 67 | 62 | 52 | 41 | 30 |
| 公民與社會 | 73 | 65 | 52 | 39 | 30 |

※ 以上五項標準均取為整數（小數只捨不入），且其計算均不含缺考生之成績，
　計算方式如下：
　頂標：成績位於第 88 百分位數之考生成績。
　前標：成績位於第 75 百分位數之考生成績。
　均標：成績位於第 50 百分位數之考生成績。
　後標：成績位於第 25 百分位數之考生成績。
　底標：成績位於第 12 百分位數之考生成績。

例：　某科之到考考生為 99982 人，則該科五項標準為
　　　頂標：成績由低至高排序，取第 87985 名（99982×88%=87984.16，取整數，
　　　　　　小數無條件進位）考生的成績，再取整數(小數只捨不入)。
　　　前標：成績由低至高排序，取第 74987 名（99982×75%=74986.5，取整數，
　　　　　　小數無條件進位）考生的成績，再取整數(小數只捨不入)。
　　　均標：成績由低至高排序，取第 49991 名（99982×50%=49991）考生的成績，
　　　　　　再取整數(小數只捨不入)。
　　　後標：成績由低至高排序，取第 24996 名（99982×25%=24995.5，取整數，
　　　　　　小數無條件進位）考生的成績，再取整數(小數只捨不入)。
　　　底標：成績由低至高排序，取第 11998 名（99982×12%=11997.84，取整數，
　　　　　　小數無條件進位）考生的成績，再取整數(小數只捨不入)。

# 九十七年大學入學指定科目考試試題
# 地理考科

## 壹、選擇題（78 分）

說明：共有 39 題，皆為題組題；請選出一個最適當的選項，標示在
答案卡之「選擇題答案區」。每題答對得 2 分，答錯或劃記
多於一個選項者倒扣 2/3 分，倒扣到本大題之實得分數為零
為止。未作答者，不給分亦不扣分。

第 1-3 題為題組

根據海岸的成因與特徵，可將台灣海岸分為如圖 1 所示甲、乙、
丙、丁四段。請問：

1. 「站在此地向海眺望，可見灘地寬闊，
遠處白浪條條，近岸地帶則蚵架、魚塭
廣布」。上述文句所描述的景觀最可能
出現在哪段海岸？
(A) 甲　　　　　　(B) 乙
(C) 丙　　　　　　(D) 丁

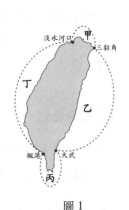

圖 1

2. 哪段海岸地形的特徵與中國東南丘陵區
的谷灣式海岸最相似？
(A) 甲　　　　　　(B) 乙
(C) 丙　　　　　　(D) 丁

3. 乙段和丙段海岸分別有海階與珊瑚礁台地的分布，根據這樣的
地形證據，可以判斷這兩段海岸都具有下列哪種海岸地形作用

的特徵？

(A) 侵蝕大於堆積　　　　(B) 堆積大於侵蝕

(C) 陸地相對下降　　　　(D) 陸地相對上升

## 第 4-5 題為題組

圖 2 是某地的等高線地形圖。圖中最粗線內的範圍在圖面上的面積約為 6 平方公分，而其實際地表面積約為 15,000 平方公尺。請問：

4. 這幅圖的比例尺與下列何者最接近？

(A) 1：1,000　　(B) 1：5,000

(C) 1：25,000　(D) 1：50,000

圖 2

5. 圖中乙地最可能遭受哪種地形災害？

(A) 山崩　　　　(B) 土石流

(C) 洪水　　　　(D) 地層下陷

## 第 6-7 題為題組

近年在黃土高原推動坡地「退耕還草」、「退耕還林」，使土地利用發生變化。請問：

6. 原來栽種糧食的耕地陸續退耕下，對當地的農業經營會帶來哪些影響？

甲、經濟作物增加　　　　乙、趨向機械化

丙、更趨市場性　　　　　丁、趨於自給自足

(A) 甲丁　　　(B) 乙丙　　　(C) 甲丙　　　(D) 乙丁

7. 將坡地「退耕還草」、「退耕還林」，會導致該區生態環境發生哪些明顯變化？

甲、河川淤沙減少　　乙、物種數增加　　丙、蒸發散量減少

丁、洪水流量增加　　戊、塵土飛揚加劇

(A) 甲乙　　　　(B) 乙丙　　　　(C) 甲丙　　　　(D) 丁戊

## 第 8-10 題為題組

印度半島氣候受季風影響，降水分布甚不平均。東北部山區年雨量高達 3,000 mm 以上；西北部為乾旱區，年雨量 250 mm 以下；最南端為熱帶雨林區，年雨量 2,500 mm 左右。大部分地區夏季來得早，全年最高溫出現在夏至前。表 1 為印度半島某都市的氣候資料表。請問：

表 1　印度半島某都市的月均溫與月雨量（1971-2000）

| 月份<br>要素 | 一 | 二 | 三 | 四 | 五 | 六 | 七 | 八 | 九 | 十 | 十一 | 十二 | 年 |
|---|---|---|---|---|---|---|---|---|---|---|---|---|---|
| 氣溫 (°C) | 24.5 | 24.8 | 26.9 | 28.6 | 30.1 | 29.1 | 27.7 | 27.3 | 27.7 | 28.7 | 28.0 | 26.2 | 27.5 |
| 雨量 (mm) | 0.8 | 0.8 | 0.3 | 1.6 | 8.9 | 581.3 | 701.0 | 459.4 | 268.8 | 55.5 | 16.3 | 4.3 | 2099.0 |

8. 對於印度半島氣候的描述，下列哪兩項是正確的？

甲、3-5 月日照強烈　　　　乙、6-9 月雲量多

丙、10-12 月溼度大　　　　丁、1-2 月吹西南季風

(A) 甲乙　　　　(B) 乙丙　　　　(C) 丙丁　　　　(D) 甲丁

9. 表 1 為下列哪個城市的氣候資料？

(A) 喀拉蚩（24.5°N，67.0°E）

(B) 可倫坡（6.6°N，79.5°E）

(C) 孟買（18.6°N，72.5°E）

(D) 乞拉朋吉（25.4°N，91.4°E）

10. 印度西北部氣候乾旱的最主要原因是：

(A) 高山屏障　　　　　　　(B) 沿海有深層湧昇流

(C) 深處內陸　　　　　　　(D) 終年受大陸氣團影響

第 11-13 題為題組

人們在選擇工作及居住地時多
受就業機會、治安、文化生活
及自然環境等所影響。圖 3 是
針對美國大學生的居住及工作
地選擇，抽樣調查結果所繪製
的「偏好指數」空間分布圖。
請問：

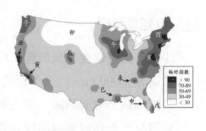

圖 3

11. 圖 3 中哪個區域因受惠於資訊業等高科技產業的發展與聚集，
加上氣候宜人，成為美國大學生心目中最偏好的居住及工作地
之一？

(A) 子　　　　(B) 丑　　　　(C) 午　　　　(D) 亥

12. 卯區成為「偏好指數」偏低的區域，最主要是受制於哪兩個地
理因素？

甲、冬季氣候乾冷　　　　乙、區域經濟以農牧業為主

丙、人口密度較高　　　　丁、位於活火山及地震帶上

戊、傳統老舊工業區

(A) 甲乙　　　　　　　　　(B) 乙丙

(C) 丙丁　　　　　　　　　(D) 丁戊

13. 美國某都市雖然風光明媚，觀光休
　　憩設施完善，是退休老年人選擇居
　　住的首選都市之一，使老年人口比
　　例偏高（見圖4），但對受訪的大
　　學生而言，僅為中等偏好的居住及
　　工作都市。這個都市最可能位在下
　　列哪區？

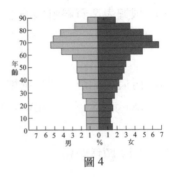

圖 4

(A) 辰　　　　　　　　　(B) 巳

(C) 申　　　　　　　　　(D) 未

第 14-16 題為題組

表 2 為 2005 年某五國發展程度六項指標的資料。請問：

表 2

| 指標\國家 | 總人口數（百萬） | 面　積（千平方公里） | 最大都市人口（千人） | 鄉村人口比例 (%) | 每人國民所得（GNI per capita美元） | 嬰兒死亡率 (‰) |
|---|---|---|---|---|---|---|
| 甲 | 20.3 | 7687 | 4296 | 12 | 33120 | 5 |
| 乙 | 296.9 | 9631 | 18500 | 19 | 43560 | 6 |
| 丙 | 22.3 | 36 | 2630 | 22 | 16291 | 5 |
| 丁 | 83.1 | 300 | 10941 | 37 | 1290 | 25 |
| 戊 | 28.8 | 236 | 1296 | 87 | 280 | 79 |

14. 表中資料顯示哪兩項指標間的相關程度最強？

　　(A) 面積與最大都市人口

　　(B) 每人國民所得與嬰兒死亡率

　　(C) 總人口與嬰兒死亡率

　　(D) 最大都市人口與每人國民所得

15. 根據表 2 資料哪國的都市體系最可能出現首要型？
    (A) 甲　　　　(B) 乙　　　　(C) 丁　　　　(D) 戊

16. 丙最可能是下列哪個地區的國家？
    (A) 東亞　　　(B) 中東　　　(C) 東非　　　(D) 東歐

第 17-19 題為題組

有位水土保持學家在某山坡地設立六個位置相鄰的小試驗場，以模擬降水的方式，觀測土壤流失量與地表覆蓋狀況的關聯性。此六個試驗場的坡度、坡長相近，底岩均為透水性甚差的岩層。表 3 是這六個試驗場的土壤質地與某次降水土壤流失量的資料。請問：

表 3

| 項目 ＼ 試驗場 | 甲 | 乙 | 丙 | 丁 | 戊 | 己 |
|---|---|---|---|---|---|---|
| 土壤質地 (%) | 砂粒 (40)、坋粒 (25)、黏粒 (35) | 砂粒 (45)、坋粒 (20)、黏粒 (35) | 砂粒 (61)、坋粒 (21)、黏粒 (18) | 砂粒 (78)、坋粒 (14)、黏粒 (8) | 砂粒 (14)、坋粒 (19)、黏粒 (67) | 砂粒 (28)、坋粒 (22)、黏粒 (50) |
| 特定降水期間的總土壤流失量 (g/m²) | 47.3 | 201.2 | 28.1 | 15.7 | 76.9 | 54.6 |

17. 圖 5 是土壤質地的三角形圖。
    試據以判別甲試驗場的土壤屬
    下列哪種土壤質地類型？
    (A) 砂質黏壤土
    (B) 黏質壤土
    (C) 壤土
    (D) 坋質黏壤土

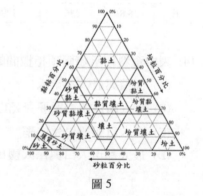

圖 5

18. 這六個試驗場設計規劃為下列幾種土地利用，來觀察不同土地利用的水土流失量。乙試驗場最可能屬於哪種土地利用型態？
(A) 無植物覆蓋的裸露地　　　(B) 茂密的林地
(C) 甘蔗枝葉披覆的休耕地　　(D) 等高耕作的茶園

19. 土壤保水力的高低與「土壤質地」有密切相關。
下列哪個試驗場有最佳的土壤保水力？
(A) 丙　　　　(B) 丁　　　　(C) 戊　　　　(D) 己

第 20-21 題為題組

2005 年台東縣的釋迦種植面積及產量均佔全台的 80 % 左右。釋迦是多年生的果樹，一年可達 2 到 3 穫，但對氣溫頗為敏感，低溫範圍為 15-25 $^{\circ}$C，高溫範圍為 25-32 $^{\circ}$C；釋迦果並具有採收後果實不易保鮮、不耐密封包裝、不耐低溫冷藏等特性。請問：

20. 台灣的釋迦生產區位高度集中台東的現象，在產業發展上可稱為：
(A) 機械化　　(B) 專業化　　(C) 精緻化　　(D) 集約化

21. 就釋迦的產銷而言，台東相對於西部地區有哪些較不利的區位條件？
甲、地處偏僻栽培技術不易傳播
乙、地處東部冬季氣溫相對偏低
丙、與主要消費地間的易達性低
丁、夏、秋季節好發焚風
戊、人口較少，消費市場較小
(A) 甲乙丙　　(B) 甲丁戊　　(C) 乙丙丁　　(D) 丙丁戊

## 第 22-24 題為題組

美國的都市在 20 世紀時已高度都市化，都市地區居住密度較高，住商混雜，使都市發展受限，但都市外圍的郊區空間較大，土地價格也較便宜，因此在二次大戰前，漸漸有都市居民選擇搬到郊區居住，形成「郊區化」現象。到 60-70 年代，郊區化更為普遍，郊區住宅蔓延至原都市行政區界外。這些郊區的社區住商完全分離，居住密度也較低。請問：

22. 下列哪些地景與美國都市的郊區化過程關係較為密切？

甲、大眾捷運系統　　　　　　乙、高速公路

丙、新市鎮中心　　　　　　　丁、購物中心

(A) 甲丙　　　　(B) 乙丙　　　　(C) 甲丁　　　　(D) 乙丁

23. 美國都市的郊區化現象與下列何種居民大量外遷郊區的關係最為密切？

(A) 鄉村新移入都市者　　　　(B) 勞工階級

(C) 中產階級　　　　　　　　(D) 退休人士

24. 美國的郊區化現象對都市帶來甚麼影響？

甲、老舊城區沒落　　　　　　乙、通勤交通量減少

丙、CBD的中心性降低　　　　丁、加速都市擴張

(A) 甲乙　　　　(B) 乙丙　　　　(C) 丙丁　　　　(D) 甲丁

## 第 25-27 題為題組

東亞某跨國企業在 100 年前僅是地區性代理採購的貿易公司，但隨著該公司商貿管理的革新，現在被譽為以客戶需求為導向、高效率組織和嚴密調度的商貿供應鏈的管理者。請問：

25. 該公司曾承接歐洲某零售百貨公司 10,000 件成衣訂單，生產流程是從韓國訂購紗線，在台灣紡織及染色，並向日本 YKK 的中國廠訂購拉鏈，再將布及拉鏈運到泰國縫製爲衣服。這個供應鏈中不同地區各產業間的關係，可用下列哪項概念來說明？

(A) 連鎖型分工　　　　　　　(B) 產業聚集

(C) 規模經濟　　　　　　　　(D) 綜合區位

26. 該公司所屬連鎖便利商店的經營策略，是設立綜合供應鏈網絡，透過分銷中心將所有供貨商與所有便利商店連繫起來，供應商直接將商品配送到便利商店，以縮短處理時間，達到少量多樣，零庫存的目標。這樣的經營方式，主要是哪項技術的革新所導致？

(A) 福特化　　(B) 機械化　　(C) 資訊化　　(D) 自動化

27. 該公司指稱以都市居民每 20,000 人可成立一家便利商店來計算，中國有發展 20,000 家便利商店的潛力。每 20,000 人可設立一家便利商店的指標，是根據下列哪項概念來訂定的？

(A) 商閾　　(B) 商品圈　　(C) 銷售圈　　(D) 腹地

**第 28-29 題爲題組**

小明一家計畫到某風景區旅遊，爲方便選擇旅遊地點，小明利用地理資訊系統將區內觀光資源分層顯示如圖6。請問：

圖6

28. 森林區內的住宿區是：

(A)　　　　　　(B)　　　　　　(C)　　　　　　(D)

29. 若在湖泊周圍設立 50 公尺緩衝區，以管制日後的開發活動，需運用哪種 GIS 的分析方法？

(A) 疊圖分析　　　　　　　　(B) 視域分析

(C) 環域分析　　　　　　　　(D) 查詢分析

## 第 30-31 題為題組

圖 7 為某地全年逐日逐時平均氣溫（30 年平均）的等溫線圖。這種氣候圖與其它氣候圖相較，更能反映與農林生產相關的氣溫分布實況。請問：

30. 該地 7 月的月均溫約為：

(A) 10 °C

(B) 15 °C

(C) 20 °C

(D) 25 °C

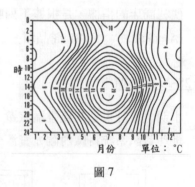

圖 7

31. 該地最可能屬於下列哪種氣候類型？

(A) 溫帶海洋性氣候　　　　　(B) 溫帶季風氣候

(C) 溫帶大陸性氣候　　　　　(D) 溫帶草原氣候

第 32-34 題為題組

南島語族是天生的航海高手，擅長以沿岸航行或逐島遷徙方式
來往於波濤的海洋，族群也因而遷移、散布於大洋洲諸島，及
擴散到大洋洲外的一些島嶼和大陸沿岸。請問：

32. 南島語族傳統上是使用下列哪種交通工具航行於海上？
    (A) 皮筏　　　　　　　　　(B) 平底船
    (C) 木筏　　　　　　　　　(D) 獨木舟

33. 台灣原住民共分為 13 族，其中下列哪族最能保有南島語族的
    海洋習性，往海裏討生活，自古以來與菲律賓巴丹島來往密切，
    語言與生活習性也與巴丹島居民相近？
    (A) 布農族　　　　　　　　(B) 泰雅族
    (C) 達悟族　　　　　　　　(D) 鄒族

34. 下列哪個國家或地區，不位於大洋洲，但一般將其劃入南島語
    族文化圈內？
    (A) 斯里蘭卡　　　　　　　(B) 馬爾地夫
    (C) 馬達加斯加　　　　　　(D) 巴林

第 35-37 題為題組

圖 8 是中國各省不同年代生
育率分布的盒形圖（Simple
Plots）。盒子的底端為第 1
四分位數，頂端為第 3 四分
位數，盒內的分隔線為中位
數，線段向上至最大值，向

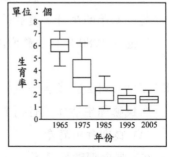

圖 8

下至最小值。整體來看，中國育齡婦女的生育率都是持續下降，到 90 年代後就維持在很低的水平，不過中國各省發展程度有頗大的落差，因此各省間的生育率具有相當的差異。請問：

35. 圖 8 中哪年各省間生育率的離散程度最大？
　　(A) 1965　　　(B) 1975　　　(C) 1985　　　(D) 2005

36. 中國自70年代後，生育率明顯的下降是因為下列哪項因素所致？
　　(A) 非農人口比例上升　　　(B) 人口城鄉移動
　　(C) 人口老化　　　　　　　(D) 人口政策

37. 隨著生育率的明顯下降及維持在低的水平，中國的人口結構因而發生下列哪項改變？
　　(A) 性別比降低　　　　　　(B) 人口撫養比上升
　　(C) 老年人口比例增加　　　(D) 城鎮獨生子女比例降低

第 38-39 題為題組

「這個地方自盤古開天就是風頭水尾之地，連喝的深井水都帶些鹹味。六月天熱似火燒埔，秋風一起，土地就反鹽得無法下種，是十足的鹹分田。無田無園的人，偎著一爿內海，飼魚曝鹽，撐起一家子的生計，這裏的子民都是靠天養的天公囝。」上段文字是描述 1980 年代台灣南部沿海地區的大地景觀。請問：

38. 該地在過去許多居民罹患烏腳病。這種風土病（地方病）與當地居民哪種生活處境有關？
　　(A) 長期食用海產　　　　　(B) 長期飲用地下水
　　(C) 長期曝曬烈日下　　　　(D) 長期食用醃製食品

39. 這個地區在秋冬時表土含鹽量上升，夏季則下降。此季變現象與下列何者關係最密切？

    (A) 地形　　　　　　　　　(B) 降水量

    (C) 蒸發散量　　　　　　　(D) 土壤質地

## 貳、非選擇題（22分）

說明：本大題共有三題，每題包括 3-4 個子題，都要用較粗的黑色或藍色的原子筆、鋼珠筆或中性筆書寫。各題應在「答案卷」所標示題號（一、二、三）之區域內作答，並標明子題題號（1、2、…）。每一子題的配分標於題末。

一、小明七月下旬去自助旅行，其旅遊日記寫著：「第一天參觀該國首都老市中心（medina）迷路，因為道路狹窄，但卻又四通八達，且往往穿越房屋的前庭後院，真是稀奇！想來是為了擋熱風飛沙，及防衛游牧民族的侵擾吧！隔天參觀西元前九世紀所建迦太基城遺址，以及毀於西元前二世紀的腓尼基人所建城市（cite）的遺址；第三天參觀了建於第二世紀可容納 35,000 人的圓形劇場（arena）；第四天參觀了始建於第七世紀的清真寺；……」。請問：

1. 小明這次自助旅行所到的是哪個國家或地區？（2分）

2. 日記所提及的圓形劇場，是哪種文明的典型文化地景？（2分）

3. 小明在日記中所描述的老市中心（medina）的都市地景，是甚麼民族的傳統都市聚落的典型特色？（2分）

二、 人類經濟活動對生態環境的影響已不限於地區性，而是牽一髮
　　而動全身的全球性問題。圖9是幾種全球性生態環境問題的分
　　布圖。請問：

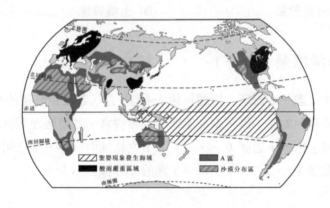

圖9

1. 艾尼紐（聖嬰）現象對哪個東南亞國協會員國的氣候影響最
　 為顯著？（2分）

2. 穿越北極海是東亞—北美—歐洲海運的捷徑，但目前仍不具
　 商業通航價值。何種全球生態環境的變遷，可使這條捷徑成
　 為具有商業價值的海運航線？（2分）

3. 目前圖9的A區塊因為氣候的變化，以及人類對土地的過度
　 開發利用，所共同面對的是哪項環境變遷？（2分）

4. 北美東部及歐洲是全球酸雨問題最嚴重的地區，除了導因於
　 歐洲及北美洲的產業高度發展外，並受到哪種全球尺度的風
　 帶影響而更形加劇？（2分）

三、 小明班上選擇南部某農業為主的村落進行鄉土地理實察，所用
　　的實察地圖是該村所在地的等高線地形圖（圖10）。他們乘車
　　到達該農村，下車後舉目所見盡是水田，溝渠縱橫，步行進入
　　村落，但見民居間湧泉處處。村長帶領他們參觀該村的祠堂，
　　見大廳內壁上對聯寫著：「渡江南居鄱陽，由贛入閩汀，族大
　　支繁，蕃衍八閩兩粵；跨海東定瀛島，溯淡抵台鳳，宗茂派盛，
　　廣布三山五鄉。」村中耆老提及當初祖先因受連年災荒的壓
　　迫，不得不渡海來台。請問：

1. 圖10中由甲─乙─丙
　　─丁─戊─庚─辛
　　─壬─癸─甲連線所圍
　　的範圍屬於哪種河流地形？
　　（2分）

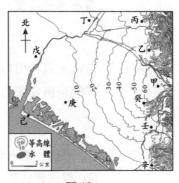

圖10

2. 小明所參訪的村落最可能座
　　落於圖10所標甲、丙、丁、
　　庚、辛、壬中的哪個位置？
　　（2分）

3. 根據對聯所描述，可知該村村人的祖先在渡過長江後、來
　　台前的遷徙路線，依序經過哪三個中國省級行政區？
　　（2分）

4. 該村村人的祖先渡海來台的遷移現象，可由哪種人口理論
　　來詮釋？（2分）

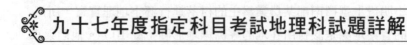

# 九十七年度指定科目考試地理科試題詳解

## 壹：選擇題

1-3 爲題組

1. **D**

【解析】 台灣西海岸屬沙岸，多沙洲、潟湖、潮埔地形，適合發展養殖漁業。

2. **A**

【解析】 基隆港爲利用谷灣地形所建的天然良港，故台灣北海岸與東南丘陵的谷灣式海岸最相似。

3. **D**

【解析】 (1) 海階：離水侵蝕退夷海岸
(2) 珊瑚礁台地：離水海岸
} 均陸地相對上升。

4-5 爲題組

4. **B**

【解析】 圖上 6 平方公分 $\xrightarrow{代表}$ 實際 15000 平方公尺

∴ 圖上 1 平方公分 $\xrightarrow{代表}$ 實際 2500 平方公尺

公式：比例尺$^2$ = 圖上面積：實際面積

= （1 公分）$^2$：(50 公尺)$^2$

比例尺 = 1：5000

5. **A**

【解析】 乙地等高線密集可判斷爲陡崖，最易發生山崩災害。

6-7 為題組

6. **C**

【解析】 栽種糧食的耕地減少則經濟作物耕地增加，而經濟作物的市場指向較強。

7. **A**

【解析】 退耕還草，退耕還林使植披增加，土壤侵蝕減弱，河川淤沙減少。林木資源複育，則物種繁盛，數量增加。

8-10 為題組

8. **A**

【解析】 甲、 3～5 月是熱季，正逢太陽直射帶北移，日照強烈，全區乾熱。

乙、 6～10 月是雨季，盛行西南季風，雲量增加，帶來豐沛降水。

丙、 10～12 月為涼季，乾冷的東北季風受阻於喜馬拉雅山，全境乾燥涼爽。

丁、 1～2 月吹東北季風。

9. **C**

【解析】 (A) 喀拉蚩：位印度河口，為季風氣候的邊緣，居西南季風路徑末端，氣候乾燥。

(B) 可倫坡：位錫蘭島西岸，地近赤道，氣候炎熱。

(D) 乞拉朋吉：位印度東北部的迎風坡，年降雨量 12000 公釐，是世界最多雨地。

10. **D**

【解析】 印度西北部為喜馬拉雅山的西段，受大陸氣團影響，年雨量不足百分釐，氣候乾燥。

11-13 為題組

11. **B**

【解析】 丑區屬地中海型氣候，夏乾冬雨，氣候宜人，高科技產業崛起，如加州舊金山灣區的矽谷。

12. **A**

【解析】 (1) 卯區東部溫帶大陸性氣候，西部草原氣候，冬季氣候乾冷。

(2) 卯區大部屬美國西部畜牧帶，東北部屬小麥帶的春小麥區，故經濟以農牧為主。

13. **C**

【解析】 申區指美國南部的佛羅里達半島，氣候暖和，沿岸有珊瑚礁和寬廣美麗的沙灘，適合發展觀光旅遊和休憩，故老年人口比例偏高。

14-16 為題組

14. **B**

【解析】 由表中六項指標可顯示：每人國民所得愈高，嬰兒死亡率愈低，兩者出現負相關。

15. **D**

　【解析】(1) 戊國總人口 28.8 百萬人×都市人口比例 13％

　　　　　　　＝ 3744000 人

　　　　　(2) 戊國最大都市人口 1296000 人約占總都市人口

　　　　　　　3744000 人的 1/3，因比例最高，故可能出現首

　　　　　　　要型都市。

16. **A**

　【解析】丙國六項指標資料與台灣相符，故選東亞區國家。

17-19 為題組

17. **B**

　【解析】見附圖，可判斷屬黏質壤土。

　　　　　　　　　　　砂粒 40％

　　　　　甲土壤質地：坋粒 25％

　　　　　　　　　　　黏粒 35％

18. **A**

　【解析】乙試驗場特定期間的總土壤流失量最高（201.2 g/m²），

　　　　　可判斷為無植物覆蓋的裸露地。

19. **C**

　【解析】戊試驗場的砂粒最少（僅 14％），黏粒的比例最高

　　　　　（67％），故保水力最佳。

<u>20-21 為題組</u>

20. **B**

【解析】 台東釋迦種植高度集中，每個農戶只單一種植一種農作，可稱產業專業化。

21. **D**

【解析】 甲、 台灣透過農會、農業改良所等組織傳授農技。

乙、 台灣東、西部的冬溫相似。

<u>22-24 為題組</u>

22. **D**

【解析】 乙、 汽車普遍化，藉高速公路而收時空收斂之效，加速郊區化。

丁、 購物中心的設立，使郊區生活機能便利。

23. **C**

【解析】 郊區往著許多通勤至都市上班的中產階級。

24. **D**

【解析】 甲、 老舊城區因人口外移郊區而趨於沒落。

乙、 通勤交通量增加。

丙、 CBD的中心性仍強。

丁、 隨著都市擴張、交通改善，郊區常成為都市的一部分。

25-27 為題組

25. **A**

　　【解析】　歐洲百貨公司下單後，生產流程：原料（紗）→原料
　　　　　　加工（紡、染）→整合原料（布、拉鍊）→成衣完工，
　　　　　　屬連鎖型分工。

26. **C**

　　【解析】　設綜合供應網絡：

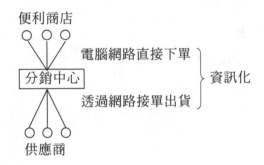

27. **A**

　　【解析】　商閾概念：20,000 人是可維持一家便利商店營業的
　　　　　　臨界人口。

28-29 為題組

28. **B**

　　【解析】利用疊圖分析：

29. **C**

　　【解析】 利用環域分析：

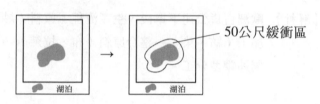

30-31 為題組

30. **B**

　　【解析】 $\dfrac{7月份24小時溫度累加}{24}$＝日均溫

　　　　　 $\dfrac{日均溫×30}{30}$＝月均溫

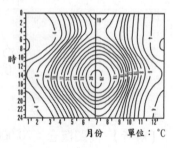

31. **A**

　　【解析】 溫帶海洋性氣候位南北緯$40^{\circ}$～$50^{\circ}$大陸西岸，夏
　　　　　 涼（$20^{\circ}$C 上下）冬暖（$0^{\circ}$C 以上），年溫差不大。

32-34 為題組

32. **D**

　　【解析】 南島民族善於航海，觀察星辰、海浪、潮汐，使用獨
　　　　　 木舟與船帆乘風破浪，深入大洋。

## 33. **C**

【解析】

| 原住民九族 | 第十族 | 第十一族 | 第十二族 | 第十三族 |
|---|---|---|---|---|
| (1) 泰雅 (2) 賽夏<br>(3) 布農 (4) 魯凱<br>(5) 排灣 (6) 卑南<br>(7) 阿美 (8) 達悟<br>(9) 鄒族 | 邵族 | 噶瑪蘭族<br>（唯一平埔族） | 太魯閣族 | 撒奇萊雅族 |

台灣原住民 12 族分布於本島，達悟族分布於台灣離島──綠島，最保有南島語族的海洋習性。

## 34. **C**

【解析】 一千多年前南島民族完成大範圍的移民，其生活空間：

(1) 東到復活節島

(2) 西達馬達加斯加島

(3) 南至紐西蘭

(4) 北抵夏威夷

35-37 為題組

## 35. **B**

【解析】 (1) 四分位差：將生育率的各數值按大小順序排列，求分布在中間一半部分的數值之離散程度。

(2) 公式 $Q.D. = \dfrac{(Q_3 - Q_1)}{2}$，依次計算 1965、1975、1985、1995、2005年

1975年 $Q.D. = \dfrac{5 - 2.7}{2} = 1.15$（離散程度最大）

36. **D**

【解析】 中國 70 年代起提出「一胎化政策」，提倡「晚婚、晚育、少生、優生」口號，計劃生育政策降低生育率。

37. **C**

【解析】 中國生育率下降，造成幼年人口比例降低，老年人口比例增加。

38-39 為題組

38. **B**

【解析】 烏腳病盛行於台灣西南沿海，因飲用含砷的井水，造成砷中毒所引起。

39. **B**

【解析】 台灣南部屬熱帶季風氣候，夏雨冬乾，夏季多雨沖淡表土鹽分，冬季乾燥蒸發盛，表土含鹽量上升，產生季變現象。

## 貳：非選擇題

一、 1. 亞特拉斯山區沿海平原（摩洛哥、阿爾及利亞、突尼西亞三國沿海地區）

    2. 羅馬文化     3. 阿拉伯人

二、 1. 印尼     2. 地球暖化

    3. 土地沙漠化     4. 盛行西風帶

三、 1. 山麓沖積扇     2. 庚

    3. 江西、福建、廣東     4. 人口推拉理論

# 九十七學年度指定科目考試（地理）

## 大考中心公佈答案

| 題　號 | 答　　案 | 題　號 | 答　　案 |
|:---:|:---:|:---:|:---:|
| 1 | D | 21 | D |
| 2 | A | 22 | D |
| 3 | D | 23 | C |
| 4 | B | 24 | D |
| 5 | A | 25 | A |
| 6 | C | 26 | C |
| 7 | A | 27 | A |
| 8 | A | 28 | B |
| 9 | C | 29 | C |
| 10 | D | 30 | B |
| 11 | B | 31 | A |
| 12 | A | 32 | D |
| 13 | C | 33 | C |
| 14 | B | 34 | C |
| 15 | D | 35 | B |
| 16 | A | 36 | D |
| 17 | B | 37 | C |
| 18 | A | 38 | A |
| 19 | C | 39 | B |
| 20 | B | | |

# 九十七學年度指定科目考試
## 各科成績標準一覽表

| 科　目 | 頂　標 | 前　標 | 均　標 | 後　標 | 底　標 |
|---|---|---|---|---|---|
| 國　文 | 64 | 58 | 49 | 38 | 30 |
| 英　文 | 76 | 64 | 41 | 20 | 9 |
| 數學甲 | 77 | 64 | 43 | 23 | 13 |
| 數學乙 | 71 | 58 | 39 | 21 | 11 |
| 化　學 | 69 | 56 | 36 | 19 | 10 |
| 物　理 | 63 | 49 | 29 | 14 | 7 |
| 生　物 | 72 | 63 | 49 | 35 | 25 |
| 歷　史 | 62 | 52 | 37 | 23 | 14 |
| 地　理 | 68 | 62 | 51 | 38 | 27 |

※ 以上五項標準均取為整數（小數只捨不入），且其計算均不含缺考生之成績，
　計算方式如下：

　頂標：成績位於第 88 百分位數之考生成績。
　前標：成績位於第 75 百分位數之考生成績。
　均標：成績位於第 50 百分位數之考生成績。
　後標：成績位於第 25 百分位數之考生成績。
　底標：成績位於第 12 百分位數之考生成績。

例：　某科之到考考生為 99982 人，則該科五項標準為
　　頂標：成績由低至高排序，取第 87985 名（99982×88%=87984.16，取整數，
　　　　　小數無條件進位）考生的成績，再取整數(小數只捨不入)。
　　前標：成績由低至高排序，取第 74987 名（99982×75%=74986.5，取整數，
　　　　　小數無條件進位）考生的成績，再取整數(小數只捨不入)。
　　均標：成績由低至高排序，取第 49991 名（99982×50%=49991）考生的成績，
　　　　　再取整數(小數只捨不入)。
　　後標：成績由低至高排序，取第 24996 名（99982×25%=24995.5，取整數，
　　　　　小數無條件進位）考生的成績，再取整數(小數只捨不入)。
　　底標：成績由低至高排序，取第 11998 名（99982×12%=11997.84，取整數，
　　　　　小數無條件進位）考生的成績，再取整數(小數只捨不入)。

# 九十六年大學入學指定科目考試試題
# 地理考科

## 壹、選擇題（76分）

說明： 共 38 題題組題，每題皆爲單選；請選出一個最適當的選項，標示在答案卡之「選擇題答案區」。每題答對得 2 分，答錯倒扣 2/3 分，倒扣到本大題之實得分數爲零爲止。未答者，不給分亦不扣分。

### 第 1-2 題爲題組

臺灣島地形深受板塊活動影響，除了有豐富的火山地形景觀之外，陸地持續抬升中，加上四周環海、降雨非常豐沛，因此具有多樣性的海岸地形及河流地形景觀。請問：

1. 下列哪些海岸地形景觀可做爲陸地相對於海平面上升的證據？
   甲、海岸沙丘　乙、陸連島　丙、海階　丁、谷灣　戊、海蝕洞
   (A) 甲乙　　　　(B) 丙丁　　　　(C) 乙丁　　　　(D) 丙戊

2. 下列哪些河流地形景觀的形成最可能與板塊活動有關？
   甲、三角洲　乙、河階　丙、氾濫平原　丁、峽谷　戊、牛軛湖
   (A) 甲乙　　　　(B) 丙丁　　　　(C) 乙丁　　　　(D) 丙戊

### 第 3-4 題爲題組

春分過後，東南亞至東亞的夏季季風環流漸次形成，並開始季節性的移動。但在北方冬季季風環流尚未完全消退情況下，於雙方交界處存在著滯留性的鋒面，並形成雨區。此種降雨的名稱在各地略有不同，台灣一般稱爲梅雨。請問：

3. 下列哪個地區梅雨型雨季出現的時間最晚？

    (A) 越南　　　　　　　　(B) 海南島

    (C) 台灣　　　　　　　　(D) 日本九州

4. 下列何者是有關「影響台灣梅雨降水量多寡」的正確敘述？

    (A) 降水多是因太平洋的副熱帶高壓較強

    (B) 降水少是因來自南方的海洋氣團較弱

    (C) 降水多是因入梅時間晚、出梅時間早

    (D) 降水少是因亞洲大陸冷氣團勢力強勁

### 第 5-6 題為題組

圖 1 為 2006 年有關各國人均
汽油消費統計圖。
請問：

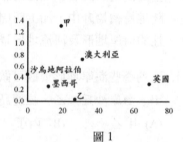

圖 1

5. 圖中的 X、Y 軸依序代表什麼？

    (A) 人均消費量、汽油價格中稅
　　　　所佔的百分比

    (B) 汽油價格中稅所佔的百分比、
　　　　人均消費量

    (C) 汽油價格漲幅百分比、人均消費量

    (D) 人均消費量、汽油價格漲幅百分比

6. 圖中的甲、乙兩個國家依序為？

    (A) 印尼、巴西　　　　　(B) 美國、中國

    (C) 印度、加拿大　　　　(D) 義大利、日本

第 7-8 題為題組

　　圖 2 為臺灣某段海岸二萬五千
分之一等高線地形圖縮圖，圖
中一方格邊長，代表實際距離
一公里。請問：

圖 2

7. 甲所在地為當地主要的耕地，
　 其地形最可能為下列何者？
　 (A) 沖積扇　　　(B) 河階
　 (C) 海蝕平台　　(D) 海階

8. 若沿著 11 號公路以時速 15 公里騎腳踏車，從圖中樟原橋 (乙) 直
接騎到大俱來的活動中心 (丙) 約需花多少分鐘？
　 (A) 6　　　　(B) 10　　　　(C) 16　　　　(D) 20

第 9-10 題為題組

　　「台灣高鐵造就本島一日生活圈」，這句話說明運輸革新對本島
的衝擊。請問：

9. 下列何者是高鐵對台灣區域生活最可能的影響？
　 (A) 本島四大區域的生活圈機能各趨獨立
　 (B) 東部區域的地方生活機能更趨於完整
　 (C) 南部與北部的生活機能差異相對縮減
　 (D) 西部都會通勤時間與通勤圈範圍縮小

10. 下列何者是高鐵對台灣地方關係最大的影響？
　 (A) 強化都市與鄉村間的交互作用
　 (B) 促進都市與都市間的交互作用
　 (C) 加速城鄉間財貨與人口的流動
　 (D) 縮小都市區域的商品服務範圍

第 11-12 題為題組

　　在人口稠密，交通發達的情況下，許多環境與資源之管理和分配必須透過跨越行政區界之合作才能完成。高雄市、縣與屏東縣 (高高屏) 自 1999 年即試圖以「區域共同治理」的思維共謀地方發展。請問：

11. 若以高雄市為高高屏地區都會生活圈核心，下列何者為該區跨域合作的最可能項目？
    (A) 建立並維繫一個完整的K=7中地體系
    (B) 強化一個型態完整的邱念圈土地利用
    (C) 加強高高屏區與北部都會的交互作用
    (D) 健全農產運銷系統以利農產供需通暢

12. 就台灣地區縣市跨域合作而言，下列何者<u>不是</u>縣市跨域合作的議題？
    (A) 大眾捷運系統的統整規劃　　(B) 商店招牌形式規格統一
    (C) 縣市水資源供需協調問題　　(D) 垃圾焚化爐的供需協調

第 13-14 題為題組

　　中國少數民族各有其主要分布區域，在歷史發展過程中創造出特有的民族文化，近年來開發礦產也成為中央政府改善其經濟困境的重要政策。請問：

13. 下列哪個中國少數民族的生活文化同時具有兩項列舉的特色？
    甲、青藏高原地區是主要居住地
    乙、除漢族外，空間分布最廣的民族
    丙、中國人口最多的少數民族
    丁、採集漁獵是傳統的生活方式
    戊、伊斯蘭教凝聚民族的形成
    (A) 藏族　　　　(B) 壯族　　　　(C) 朝鮮族　　　　(D) 回族

14. 過去雲南省的少數民族因私挖亂採礦石，而有浪費資源和破壞環境等問題。最近這種情形獲得改善，地方財政收入增加，這是下列何種礦業政策奏效的結果？
(A) 鼓勵大型企業投資，使礦業規模化
(B) 中央出資收購礦權，轉為國營
(C) 改善個體戶採礦技術，以擴大市場
(D) 關閉礦區，並轉型為其它產業

第 15-17 題為題組

西班牙位於一個隆起的古陸塊上，其農業以旱作為主，灌溉農業為輔，前者有一年生穀物和多年生作物之別，後者則多屬集約園藝農業。進入歐盟後，在歐盟農產品補貼政策與區域發展輔助基金等因素影響下，市場擴大，農業趨於多元。請問：

15. 在氣候條件影響下，西班牙旱作區小麥最佳的播種季節為何？
(A) 春季　　　(B) 夏季　　　(C) 秋季　　　(D) 冬季

16. 橄欖樹曾為西班牙旱作區主要多年生作物，如今在許多丘陵山區被向日葵所取代。一位失業農工對此轉變有此怨言：「進入歐盟後，地主第一步就是剷除 80% 的橄欖樹！我們這個 6000 人的小鎮立刻就有 800 個人失業！」下列何者為造成此轉變的主要因素？
甲、歐盟穩定食用油的補貼政策
乙、大規模全年灌溉系統穩定產量
丙、機器代替手工節省人工成本
丁、大地主制度土地利用轉變容易
戊、道路系統完善運輸成本降低
(A) 甲乙戊　　(B) 乙丙丁　　(C) 丙丁戊　　(D) 甲丙丁

17. 在歐盟區域發展基金輔助下，具緯度優勢的西班牙園藝農業區已成為歐盟冬季生鮮蔬果主要供應地之一。下列何者為西班牙園藝農業的正確敘述？
    (A) 自耕小型農場為主要生產者
    (B) 灌溉用水以地下水源為主
    (C) 主要集中在大都市邊緣地區
    (D) 機械投入集約的農業系統

第 18-20 題為題組

西伯利亞物產豐富，其天然資源為俄羅斯主要外銷商品。現任總統浦亭上任後即宣示，「交通現代化」和「與亞洲結合」為發展西伯利亞的重要目標。然而投資者寡，導致西伯利亞之發展普遍落後於俄羅斯西部。請問：

18. 近年俄羅斯外匯主要來源之出口物為何？
    (A) 煤礦和銅礦　　　　　(B) 黃金和鑽石
    (C) 石油和天然氣　　　　(D) 木材和皮毛

19. 近年西伯利亞遠東區與中、日、韓三國已成為關係密切的貿易伙伴。在 2003 年彼此間之貿易額高達該區總貿易額的 90 ％。下列何者不是促成此趨勢的因素？
    (A) 地理位置的鄰近性
    (B) 日本對能源需求的迫切
    (C) 民族文化的相似性
    (D) 中韓提供民生消費物質

20. 歐盟和俄羅斯資本家對西伯利亞東部地區投資意願極低。最可能的原因為何？
    (A) 運輸成本過高　　　　　(B) 資源面臨枯竭
    (C) 人事成本過高　　　　　(D) 位居戰略位置

第 21-23 題為題組

初級產業產品的外銷為澳洲重要外匯來源之一，但近五年來由於降水極少，已面臨「百年大旱」。2007 年 4 月總理霍華德警告說：「若近期內沒有足夠的雨水，即將停止大部分農地的灌溉！」請問：

21. 停止農地灌溉的因應措施一旦執行，對圖 3 中澳洲的哪個地區的影響最深遠？
    (A) 甲
    (B) 乙
    (C) 丙
    (D) 丁

圖 3

22. 澳洲農地若因「停止灌溉」而大量減產，最可能帶來何種國際性問題？
    (A) 乳品原料價格上漲　　　(B) 航空貨運數量降低
    (C) 基因食品需求大增　　　(D) 蔬果產業急遽衰退

23. 關於澳洲農業發展的條件，哪些正確？
    甲、位於馬緯度無風帶，氣候乾燥，促成粗放的畜牧業
    乙、降水的分布明顯受到山脈和東北季風之影響

丙、冷凍科技革新，促成畜牧產品的大量輸出

丁、南北半球的農產供應與市場需求具季節互補性

戊、原住民的傳統知識大幅提升農產附加價值

(A) 甲乙戊　　　(B) 甲丙丁　　　(C) 乙丙丁　　　(D) 丙丁戊

### 第 24-26 題為題組

1970 年，亞斯文高壩修建完工後，為尼羅河沿岸帶來不少益處，但也帶來不少環境問題。圖 4 為尼羅河流域與西亞關係圖。請問：

24. 關於尼羅河的敘述，下列何者正確？

　　(A) 上游接近赤道，位於乾旱炎熱區

　　(B) 高壩湖區地處埃及和衣索比亞之交界

　　(C) 紅海阻隔自古即與西亞互不往來

　　(D) 集水區水資源分配成為國際問題

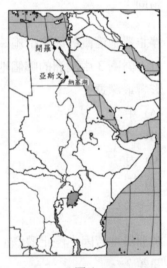

圖 4

25. 下列何者不是亞斯文高壩帶來的環境與社會經濟影響？

　　(A) 輸沙量減少、河口三角洲面積往內縮減

　　(B) 全年灌溉供水、導致土壤鹽化面積增加

　　(C) 水力發電量大、能供應撒赫爾國家發電

　　(D) 人工蓄水湖區成為埃及漁業的生產要地

26. 許多研究指出，地中海東南沿岸漁獲減少與亞斯文高壩的興建有
　　關。下列何者為最可能的原因？
　　(A) 高壩改變河川地形，造成洄游魚類無法洄游而滅絕
　　(B) 高壩促使水力發電量大，導致地中海浮游生物量降低
　　(C) 尼羅河兩岸農民使用人工肥料，促使入海水質惡化
　　(D) 尼羅河兩岸農民施行人工灌溉，致使海水鹽度下降

第 27-28 題為題組

　　近 1/4 世紀，東港、小琉球的鮪釣船多前往東南亞，以當地港
　　口為卸魚和補給基地；印尼峇里島也是台灣鮪釣外移的要地，
　　該地以觀光為主要收入，但多數人從事稻米、蔬果生產。
　　請問：

27. 台灣鮪釣以峇里島 Benoa 港為海外據點，其主要原因有哪些？
　　甲、擁有大量熟悉遠洋漁撈作業漁工
　　乙、信仰伊斯蘭教、內政治安良好
　　丙、觀光客眾多，新鮮魚獲市場廣大
　　丁、擁有充足、廉價的人力資源
　　戊、漁獲轉運便捷利於國際貿易運輸
　　(A) 甲乙　　　　(B) 乙丙　　　(C) 丙丁　　　(D) 丁戊

28. 鮪釣漁業外移後，對東港、小琉球的社會經濟最可能的影響有
　　哪些？
　　甲、地方產業逐漸轉型中　　乙、船隻維修等行業漸衰退
　　丙、人口社會增加迅速成長　　丁、男性與幼年人口增加
　　戊、居民收入分配趨於均衡
　　(A) 甲乙　　　　(B) 丙丁　　　(C) 甲戊　　　(D) 乙丁

第 29-30 題為題組

　　從 1960 年迄今，中亞鹹海 (Aral Sea) 的水量少了 80%，表面積縮減 60%。請問：

29. 鹹海水量銳減乃人類過度使用水之故，其實，自古以來，鹹海水量在自然環境條件影響下也減少著。請問，下列何者為主要的自然環境因素？

　　(A) 冬季長期酷寒所引起的降水量減少

　　(B) 強勁西風越過高山後所形成的焚風

　　(C) 湖底斷層結構使湖水大量下滲為地下水

　　(D) 乾燥氣候所帶來的乾旱與高蒸發率

30. 下列哪些敘述為鹹海面積縮減後對氣候變遷和地區農業的影響？

　　甲、該地區冬天變得更溼、更冷

　　乙、該地區夏天變得更乾、更熱

　　丙、化學風化增強，土壤含鹽高

　　丁、灌溉水源改用豐富的地下水

　　戊、作物生長季變短，耕地減產

　　(A) 甲乙　　　　(B) 丙丁　　　(C) 乙戊　　　(D) 甲丁

第 31-32 題為題組

　　美國的明尼蘇達州位在蘇必略湖及威斯康辛州西側，湖泊密佈，俗稱「萬湖之州」，農業是該州的重要產業。請問：

31. 明尼蘇達州的湖泊主要是何種地形作用的結果？

　　(A) 溶蝕作用　　　　　　　(B) 風蝕作用

　　(C) 河蝕作用　　　　　　　(D) 冰蝕作用

32. 明尼蘇達州的農作物以下列何者為主？
    (A) 玉米、乳製品　　　　　　(B) 蔬果、玉米
    (C) 棉花、蔬果　　　　　　　(D) 小麥、棉花

第 33-35 題為題組

火耕是既傳統又現代的農業耕作方式，在不同的經濟條件與社
會文化中，扮演不同的角色，對環境的影響程度也不同。依據
2005 年美國太空總署 (NASA) 的資料，發現非洲在乾季有大面
積火燒的情形，並有時空分布的差異，1 月份主要分布在撒哈
拉南緣，8 月份則在赤道以南地區。
請問：

33. 現代大規模火耕造成雨林地區地力急遽下降之主要原因為何？
    甲、表土裸露土壤淋溶作用旺盛
    乙、引發氣候變遷、雨水不足
    丙、長期種植單一熱帶經濟作物
    丁、農耕地區的土壤鹽化加速
    戊、減少生物多樣性和土壤腐植質
    (A) 甲丁　　　　(B) 乙戊　　　　(C) 甲丙　　　　(D) 乙丁

34. 非洲地區用火整地的現象，1 月份傾向出現在撒哈拉南緣的主
    要原因為何？
    (A) 副熱帶高壓籠罩
    (B) 間熱帶輻合區北移
    (C) 東南信風越過赤道
    (D) 本吉拉涼流流經

35. 非洲人這種用火整地的傳統可達到哪些主要目的？

甲、燃燒野草保護耕地　　乙、燃燒灰燼得以肥田

丙、燒毀嗤嗤蠅的蟲卵　　丁、驅趕家畜遠離耕地

戊、耕地面積得以擴大

(A) 甲丁戊　　　　　　　(B) 甲乙戊

(C) 乙丙丁　　　　　　　(D) 丙丁戊

第 36-38 題為題組

圖 5 為應用地理資訊系統來選址的流程圖。請問：

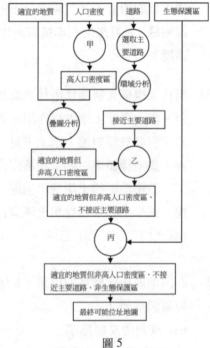

圖 5

36. 此流程圖最可能是下列何種設施的選址？

(A) 放射性廢棄物儲存場

(B) 汽機車加油站

(C) 地下水天然入滲補助區

(D) 大型遊樂區

37. 圖中甲所進行的處理是什麼？

(A) 資料分類

(B) 集中趨勢分析

(C) 變遷分析

(D) 離散趨勢分析

38. 圖中乙和丙所進行的處理是什麼？

(A) 最佳路線分析　　　　(B) 疊圖分析

(C) 模擬規劃　　　　　　(D) 風險分析

## 貳、非選擇題（24 分）

說明：共有三大題，每大題包括 2-3 個子題。各大題應在答案卷所標示題號之區域內作答，並標明子題號。每一子題的配分，註明於題後。

一、 閱讀以下短文，回答下列問題：（8 分）

甲、「對美國 4000 位工人和 1700 位學生作為期一年的日常生活統計調查指出，氣候對人的工作能力有明顯的影響，最適合身體活動的氣溫為 18°C。根據這樣的研究結果可以推論出某一地區的文明發展程度，並繪出世界文明分布圖來。」

乙、「難道是自然環境促使美國西南部印地安人發明農業嗎？其實根本不是他們自己發明的，而是經過一連串部落間文化接觸，才使農業從遙遠的南方向北傳來。氣候雖然限制了發展的條件，但人類的社會因素使得印地安人接受了農業。」

1. 甲、乙分別反映地理學人地關係論中的那兩種理論？（順序錯誤不給分，4 分）

2. 乙文所述「從遙遠的南方向北傳來」的農業，其主要作物為何？印地安人同時也學會何種農業技術克服了氣候限制，才使得農業得以發展？（順序錯誤不給分，4 分）

二、 位於馬達加斯加島東側外海的模里西斯，擁有陽光、海灘和蔗園，教育水準居非洲之首。1968 年獨立後，該國政府在其港口首都路易士港附近成立出口導向的工業區，提供了約 90,000 個工作機會，產業以紡織和成衣業為主，並以印度與南非為主要

市場，其產值佔該國出口值的 75%。模里西斯國民平均收入提升為非洲之冠，產業轉型目的達成。請問：（8分）

1. 模里西斯的經濟以第幾級產業為主？（2分）

2. 在國際分工中，模里西斯有那兩項人文條件上重要的區位優勢來吸引外資？（4分）

3. 依據題幹，寫出模里西斯政府利用哪項經濟策略達成產業轉型的目的？（2分）

三、圖6為臺灣地區 2004 年的水平衡收支概算。請問：（8分）

1. 圖中的甲和乙分別是什麼原因造成水資源的損失？
（順序錯誤不給分，4分）

2. 台灣島有那兩項重要河川特徵造成河川水資源快速流失？
（4分）

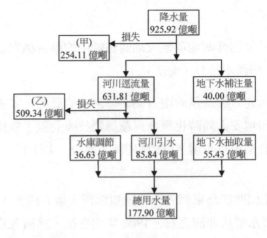

圖6

# 九十六年度指定科目考試地理科試題詳解

## 壹：選擇題

### 1-2為題組

1. **D**

   【解析】(1) 沈水海岸地形：多島嶼、谷灣、溺谷、峽灣、三角江。

   離水海岸地形：多沙洲、潟湖、海階。

   (2) 波蝕棚離水形成海階；海蝕洞離水高於海面可證明陸地上升。

   (3) (甲) 海岸沙丘：海積地形。

   (乙) 陸連島：沙洲堆積連接島嶼與陸地。

   (丁) 谷灣：山谷沈水形成海灣。

2. **C**

   【解析】(1) 板塊運動若造成陸地隆升，河流因侵蝕基準下移而向下切割侵蝕，形成峽谷和河階地形。

   (2) 形成河階因素：

   1. 流量增加。

   2. 含沙量減少。

   3. 陸地隆起。

   4. 侵蝕基準下降。

3-4 為題組

3. **D**

　　【解析】　(1) 梅雨型降雨：在春分（3 月 21 日）～7 月期間，由
　　　　　　　　　南向北季節性移動。

　　　　　　　(2) 春分過後，北方冬季冷高壓逐漸減弱，南方低緯暖
　　　　　　　　　溼氣團逐漸增強，雙方交界區的滯留鋒面由低緯逐
　　　　　　　　　步向北季移，日本九州位置最北，故鋒面滯留造成
　　　　　　　　　陰雨綿綿的梅雨出現最晚（約在 6、7 月）。

4. **B**

　　【解析】　台灣梅雨量多寡的影響因素：

　　　　　　　(1) 南方海洋氣團的強弱。

　　　　　　　(2) 梅雨鋒面滯留時間的長短。

5-6 為題組

5. **B**

　　【解析】　(1) 橫軸 X 代表汽油價格中稅所占百分比，縱軸 Y 代表
　　　　　　　　　人均消費量。因為英國是已開發國，社會福利完善，
　　　　　　　　　政府稅率較高，故汽油價格中稅所占百分比高；沙
　　　　　　　　　烏地阿拉伯為產油國，幾乎無汽油稅。

　　　　　　　(2) (A) Y 軸（油價稅％）數值太低。

　　　　　　　　　(C) X 軸（漲幅％）數值太高。

　　　　　　　　　(D) X 軸（人均消費量），沙國不可能為 0。

6. **B**

【解析】 已開發國家：人均消費量高，故判斷甲爲美國。
　　　 開發中國家：人均消費量低，故研判乙爲中國。

## 7-8 爲題組

7. **D**

【解析】 判讀附圖：

(1) 甲地距河尚遠，不可能是 (A) 沖積扇 (B) 河階。

(2) 甲處距海濱僅數百公尺，等高線間距較寬，地形較
平緩，但甲的東南側等高線密集應爲階地邊緣的陡
坡，故研判爲「海階」。

8. **B**

【解析】 每一方格邊長實際距離 1 公里，用尺量測(乙)→(丙)的距
離約 2.5 公里。

60 分 ÷ 15＝4 分（騎 1 公里需時 4 分鐘）

4 分鐘 × 2.5＝10 分鐘

## 9-10 爲題組

9. **C**

【解析】 2007 年通車的台灣高鐵，台北～高雄左營間 100 分鐘可
達，台灣進入高速化運輸時代，造就一日生活圈，形成
時空收斂，往來更快速、頻繁，將西部都會串連，交互
作用增加，南北生活機能差異日漸減少，但對東部影響
較小。

10. **B**

【解析】 高鐵在台北～高雄間僅設五大車站（1.桃園青埔　2.新竹六家　3.台中烏日　4.嘉義太保　5.台南沙崙），故知高鐵主要聯絡西部重要都市，是促進都市間的交互作用，而非城鄉間的交互作用。


**11-12為題組**

11. **D**

【解析】 (1) 高高屏「區域共同治理」主要在促進各區的專業發展及互補作用，高市以工、商、服務業為主，高縣兼有工、商機能，屏縣以農業機能為主。形成高、屏兩縣農產運銷高市的市場銷售體系。

(2) (A) k＝7為行政原則，以三個縣市的行政機能運作，不必重新規劃成一個行政區。

(B) 三縣市各有專業機能，交通系統完善，不必強化邱念圈的土地利用。

(C) 以三縣市為主的跨越行政區界之合作。


12. **B**

【解析】 (A) 捷運已跨縣市：如台北市捷運可達台北縣的土城、淡水等地。

(B) 招牌規格一致非必要性。

(C) 水資源須跨縣市整合：如台北市自來水源為新店溪支流的北勢溪，而翡翠水庫位台北縣；台北縣水源為淡水河上源大漢溪的石門水庫，水庫則位桃園縣。

(D) 都會區垃圾量大不易尋得焚化爐位置，有些縣市垃圾量少，可超縣市配合。

13-14 為題組

13. **D**

【解析】(1) (甲) 青藏高原主要居住人口：藏族。

　　　　　　(乙) 空間分布最廣的少數民族：回族。

　　　　　　(丙) 中國人口最多的少數民族：廣西壯族。

　　　　　　(丁) 採集漁獵維生：朝鮮族

　　　　　　(戊) 伊斯蘭教：回族。

　　　　(2) 回族：分布於蒙新地區，寧夏回族自治區等地，信仰伊斯蘭教，新疆地區石油、煤等礦產豐富，透過石油等礦產的開發改善當地經濟。

14. **A**

【解析】(1) 雲南少數民族採礦因技術、資金有限而破壞環境資源，故 (A) 鼓勵大型企業投資，使礦業規模化是正確的規劃。

　　　　(2) (B) 大陸企業進行民營化。

　　　　　　(C) 個體戶改善採礦技術須大量資金，有其困難性。

　　　　　　(D) 雲南金屬礦產豐富，如銅、錫、鎢、銻、鉛、鋅等，其他區替代性有限，關閉不符經濟效應。

15-17 為題組

15. **C**

【解析】西班牙屬地中海型氣候夏乾多雨，故種植適應當地氣候的「冬小麥」，秋季種植，冬雨生長至隔年春夏收穫。

16. **D**

【解析】 (甲) 題目中敘述歐盟採補貼政策。

(乙) 文中敘述農業旱作爲主，無法大規模灌溉。

(丙) 橄欖樹剷除變向日葵有利於機械化節省人工。

(丁) 西班牙旱作區土地利用多大地主制。

(戊) 丘陵山區道路系統改善有限。

17. **A**

【解析】 西班牙因緯度較低，氣候溫暖，冬雨爲主，適合發展園藝業供應歐盟冬季蔬果，園藝業屬集約精耕農作，必須適地適種且快速多樣化供應生鮮市場，因此沿海平原區多小型自耕農場。

<u>18-20 爲題組</u>

18. **C**

【解析】 西伯利亞地廣人稀，距俄羅斯精華區遙遠，交通建設不足，盛產煤、石油、天然氣、獸皮、木材等，因世界主要能源爲石油、天然氣，故出口賺取外匯。

19. **C**

【解析】 民族文化：中、日、韓屬東亞文化區，俄羅斯、西伯利亞屬歐洲文化區。

20. **A**

【解析】 西伯利亞東部距歐洲遙遠且交通不發達，因運輸成本過高而降低投資意願。

## 21-23 為題組

21. **A**

【解析】 (甲) 區屬夏雨型暖濕氣候，大分水嶺東側受東澳暖流

及面迎東南信風影響，雨量較豐，是澳洲的精華區。

大分水嶺西側為背風坡降水較少，農牧業須賴灌溉，

加上(甲)區人口密集，若停止灌溉影響最大。

(乙) 區：塔斯馬尼亞島。

(丙) 區：牧業帶。

(丁) 區：沙漠帶。

22. **A**

【解析】 澳洲酪農業發達，為國際重要乳品供應國，若停止灌

溉則草料不足，牛乳減產，國際乳品原料價格上漲。

23. **B**

【解析】 錯誤選項：

(乙) 澳洲位南半球無季風氣候，應受東南信風影響。

(戊) 原住民知識提升與農產附加價值無直接相關。

## 24-26 為題組

24. **D**

【解析】 (A) 尼羅河上游位東非赤道附近屬熱帶高地氣候。

(B) 亞斯文高壩（位埃及）築成在高壩上游形成一人

工湖，稱為「納塞湖」。湖區位埃及與蘇丹之間，

但大部分位在埃及。

　　　(C) 阿拉伯游牧民族早在十世紀便前往埃及，今日埃及
　　　　人信仰伊斯蘭教爲主，與西亞宗教文化關係密切。

　　　(D) 尼羅河流經多國，上游集水區國家攔截大量用水，
　　　　下游國家則缺水，故須協商水權。例如肯亞、坦尚
　　　　尼亞開發白尼羅河及維多利亞湖水的灌漑計劃。衣
　　　　索比亞在上游築壩蓄水增加擁水量，與埃及造成水
　　　　權爭議。

25. **C**

【解析】　撒赫爾位撒哈拉沙漠南部邊緣地帶，年雨量介於100~
　　　　600公厘之間，以草原生態爲主。尼羅河流域位東非、
　　　　北非的帶狀綠洲，兩者相關不大。

26. **C**

【解析】　亞斯文高壩築成水源穩定，不再氾濫成災，綠洲農業
　　　　面積增加；但原來固定氾濫帶來的肥沃有機質、礦物
　　　　質等淤泥，現因不氾濫使綠洲肥沃土壤不再，農民需
　　　　施化肥，導致入海水質惡化，過度的營養鹽促使藻類
　　　　過量生長，消耗水中氧量，含氧量少魚類無法存活，
　　　　導致漁獲減少。

27-28 爲題組

27. **D**

【解析】　(1) 台灣鮪釣以印尼峇里島爲海外據點，因當地人口衆
　　　　　多，國民所得低，可降低成本。又地近歐亞、亞非
　　　　　、亞澳航線，利於漁獲國際貿易運銷。

(2) (甲) 該地漁業技術落後，無大量專業遠洋漁撈的漁工。

(乙) 信仰伊斯蘭教，但政治不穩定，經濟發展緩慢。

(丙) 觀光主要以休閒娛樂為主而非消費鮪魚為主。

28. **A**

【解析】 (甲) 鮪釣漁業外移，東港漁業轉型以觀光為主，例如黑鮪魚季的觀光活動。

(乙) 漁業外移，鮪釣船直接在海外修理，故東港維修業沒落。

(丙) 產業外移，故年輕人外移高雄市就業，「人口社會增加」呈負成長。

(丁) 原從事漁撈的男性人口外移。

(戊) 產業外移，漁工失業，收入差距擴大。

29-30為題組

29. **D**

【解析】 鹹海為內陸湖，當地屬乾燥氣候，蒸發量大於降水量使湖泊逐漸自然乾枯。

30. **C**

【解析】 (甲) 湖泊有調節氣候功能，湖面縮小則多天氣候更乾、更冷。

(乙) 湖面縮小，水汽減少，夏季更乾、更熱。

(丙) 氣候乾燥水分減少，不利化學風化進行；鹹海乾枯析出鹽分經風吹四散，使土壤鹽分增加。

(丁) 湖水減少，對地下水補注亦少。

(戊) 氣候缺乏湖泊調節，冬天更冷長，夏天更乾熱，使生長季變短。

## 31-32 為題組

**31. D**

【解析】　冰河期北美哈得遜灣為冰河源地，冰河向南延伸至五大湖區，故五大湖均屬冰蝕湖（蘇必略湖為五大湖之一）。

**32. A**

【解析】　鄰近美國東北大都會區的五大湖區以酪農業為主，混合農業位酪農業外圍，故明尼蘇達州作物以酪農業的乳製品、混合農業的玉米為主。

## 33-35 為題組

**33. C**

【解析】　(甲) 火耕造成植被碳化，雨林區的暴雨沖蝕地表、淋溶作用強，土壤流失。

(乙) 火耕燃燒造成空氣汙染、$CO_2$ 增加，氣候變遷，但對地力關聯性小。

(丙) 長期單一作物，地力易衰退。

(丁) 土壤鹽化主要是只灌不排，蒸發作用強造成。

(戊) 火耕初期生物多樣性降低，但經長期休耕後可恢復生物多樣性；熱帶雨林貧瘠偏酸的氧化土，因焚林而增添腐植質，增加土壤沃度。

34. **A**

【解析】 (1) 火耕在乾季時清除植被再被火焚燒，故以火整地宜
　　　　　在乾季進行。

　　　　(2) 一月時太陽直射帶南移，行星風系隨之南移，撒哈
　　　　　拉沙漠南緣被副熱帶高壓（馬緯度無風帶）籠罩，
　　　　　此時乾燥晴朗，利於用火整地。

35. **B**

【解析】 火耕燃燒植物後灰燼可當肥料；野草常是生長快速的
　　　　優勢物種，焚燒可防止野草蔓延至耕地。以火焚林使
　　　　林地減少耕地增加。

36-38 為題組

36. **A**

【解析】 圖中四個條件：1. 適宜的地質　2. 人口密度　3. 道路
　　　　4. 生態保護區。應用：資料查詢、環域分析、疊圖分析，
　　　　運用布林邏輯法則 NOT、AND、OR：先選適宜的地質
　　　　但非高人口密度區；再加上非生態保護區、不接近主要
　　　　道路，可確定加油站、大型遊樂區不符合。地下水天然
　　　　入滲補助區宜位生態保護區，水源才能潔淨，故不符合。
　　　　僅 (A) 放射性廢棄物儲存場最符合條件。

37. **A**

【解析】 甲在人口密度之後，要作「資料分類」（分析各地區的
　　　　人口密度高、低），再查詢「高人口密度區」。

38. **B**

【解析】乙在 1.接近主要道路與否、2.適宜地質但 3.非高人
　　　　口密度之後，要符合這三個條件的分析，可利用疊圖
　　　　分析。

## 貳：非選擇題

一、　1.　甲：環境決定論。
　　　　　乙：環境可能論。
　　　2.　玉米、灌溉。

二、　1.　第二級產業。
　　　2.　勞工、交通（海運便利）。
　　　3.　出口導向。

三、　1.　甲：蒸發散。
　　　　　乙：入海。
　　　2.　坡陡流急、河川短小。

# 九十六學年度指定科目考試（地理）
## 大考中心公佈答案

| 題　號 | 答　　案 | 題　號 | 答　　案 |
|:---:|:---:|:---:|:---:|
| 1 | D | 21 | A |
| 2 | C | 22 | A |
| 3 | D | 23 | B |
| 4 | B | 24 | D |
| 5 | B | 25 | C |
| 6 | B | 26 | C |
| 7 | D | 27 | D |
| 8 | B | 28 | A |
| 9 | C | 29 | D |
| 10 | B | 30 | C |
| 11 | D | 31 | D |
| 12 | B | 32 | A |
| 13 | D | 33 | C |
| 14 | A | 34 | A |
| 15 | C | 35 | B |
| 16 | D | 36 | A |
| 17 | A | 37 | A |
| 18 | C | 38 | B |
| 19 | C |  |  |
| 20 | A |  |  |

# 九十六學年度指定科目考試
## 各科成績標準一覽表

| 科　　目 | 頂　標 | 前　標 | 均　標 | 後　標 | 底　標 |
|---|---|---|---|---|---|
| 國　　文 | 70 | 64 | 56 | 45 | 36 |
| 英　　文 | 60 | 46 | 26 | 13 | 7 |
| 數學甲 | 62 | 49 | 33 | 20 | 11 |
| 數學乙 | 72 | 60 | 43 | 27 | 17 |
| 化　　學 | 74 | 61 | 41 | 24 | 15 |
| 物　　理 | 68 | 51 | 27 | 12 | 5 |
| 生　　物 | 84 | 74 | 56 | 40 | 31 |
| 歷　　史 | 75 | 68 | 55 | 40 | 28 |
| 地　　理 | 56 | 50 | 40 | 30 | 21 |

※ 以上五項標準均取爲整數（小數只捨不入），且其計算均不含缺考生之成績，
　計算方式如下：

　頂標：成績位於第 88 百分位數之考生成績。
　前標：成績位於第 75 百分位數之考生成績。
　均標：成績位於第 50 百分位數之考生成績。
　後標：成績位於第 25 百分位數之考生成績。
　底標：成績位於第 12 百分位數之考生成績。

例： 某科之到考考生爲 99982 人，則該科五項標準爲

　頂標：成績由低至高排序，取第 87985 名（99982×88%=87984.16，取整數，
　　　　小數無條件進位）考生的成績，再取整數（小數只捨不入）。

　前標：成績由低至高排序，取第 74987 名（99982×75%=74986.5，取整數，
　　　　小數無條件進位）考生的成績，再取整數（小數只捨不入）。

　均標：成績由低至高排序，取第 49991 名（99982×50%=49991）考生的成績，
　　　　再取整數（小數只捨不入）。

　後標：成績由低至高排序，取第 24996 名（99982×25%=24995.5，取整數，
　　　　小數無條件進位）考生的成績，再取整數（小數只捨不入）。

　底標：成績由低至高排序，取第 11998 名（99982×12%=11997.84，取整數，
　　　　小數無條件進位）考生的成績，再取整數（小數只捨不入）。

# 九十五年大學入學指定科目考試試題
# 地理考科

## 第壹部分：單一選擇題（佔 80 分）

說明：共有 40 題，皆為題組題；請選出一個最適當的選項，標示在答案卡之「選擇題答案區」。每題答對得 2 分，答錯或劃記多於一個選項者倒扣 2/3 分，倒扣到本大題之實得分數為零為止。未答者，不給分亦不扣分。

### 第 1-2 題為題組

物種多樣性是生態保育的重要目標，但過去數十年來，許多物種在數量上快速縮減，甚至瀕臨滅絕；也有些外來種快速繁殖，危害當地農作。請問：

1. 非洲象總數從 1970 年的 250 萬頭，驟減至目前的30 萬頭左右，其主要原因為何？
   甲、棲地面積縮減　　　　乙、人類非法獵殺
   丙、外來物種侵入　　　　丁、全球氣候變遷
   (A) 甲丙　　　(B) 乙丁　　　(C) 甲乙　　　(D) 丙丁

2. 福壽螺原產於南美洲，二十幾年前以金寶螺之名引進台灣養殖，供為食用，但因口感不佳，遭業者棄置於排水溝或灌溉渠道中，而此環境正好適合牠的生存和繁殖，於是成為強勢物種，危害其他農作物的生長。福壽螺對台灣何種作物危害最深？
   (A) 甘藷　　　(B) 水稻　　　(C) 甘蔗　　　(D) 玉米

### 第 3-4 題為題組

台灣南部某化工廠位在溪流的出海口附近，二十幾年前關廠時，曾將大量化工產品封存在廠區內，但未做好管理和環境監測。

廠區的土壤近年檢測出含有戴奧辛，附近居民體內也發現該種毒物。請問：

3. 該地土壤中的戴奧辛進入人體的過程與下列何種現象關係最密切？
(A) 水循環　　(B) 潮汐變化　　(C) 侵蝕輪迴　　(D) 大氣環流

4. 若以污染擴散的概念來思考，上述污染案例的整治，以下列何者最為適當？
(A) 在受污染廠區地表鋪設柏油加以覆蓋
(B) 抽取大量海水沖刷以稀釋污染物濃度
(C) 長時期封閉廠區讓天然雨水稀釋污染
(D) 全面挖除被污染土壤以水泥貯槽暫存

第 5-6 題為題組

南投陳有蘭溪流經中央山脈，沿岸有許多沖積扇，因其地形坡度相對平緩，有耕地與聚落座落其間。請問：

5. 下列有關沖積扇地形之成因及特徵的敘述，哪些是正確的？
甲、河流堆積作用所形成的地形
乙、扇面的坡度一般要比三角洲來得平緩
丙、扇緣地帶常是湧泉出現的地點
丁、沖積扇上的河流可能因分流而呈網狀水系
(A) 甲乙丙　　(B) 甲乙丁　　(C) 甲丙丁　　(D) 乙丙丁

6. 新中橫公路開闢後，這裡的菓園和房舍災害頻傳。在沖積扇堆積區最常見哪種自然災害？
(A) 土石流　　(B) 土壤潛移　　(C) 落石　　(D) 洪患

第 7-8 題為題組

　　大氣平流層的底部有一層臭氧層可以阻隔 95% 以上來自太陽輻
射的紫外線，但在 1980 年代以後，科學家們觀測到南極上空在
春天到初夏時會有臭氧耗損，臭氧層變薄的情形，俗稱臭氧洞。
相對地在北極上空的臭氧洞則較不明顯，這是因為南極地區冬天
的氣溫遠較北極地區寒冷所致。南極的最暖月約 -30°C，最冷月
約 -60°C，而北極的最暖月約 0°C，最冷月約 -40°C。請問：

7. 南極發生臭氧洞的時間是每年的幾月？

　　(A) 3～6月　　　(B) 6～9月　　　(C) 9～12月　　　(D) 12～3月

8. 影響南北極地區氣溫不同的最主要因素為何？

　　(A) 海陸差異　　　　　　　(B) 海水溫度
　　(C) 行星風系的季移　　　　(D) 太陽輻射強度

第 9-10 題為題組

　　圖 1 是台灣某河口三角洲的衛星
影像，河口北側的一個小潟湖
(L)，因海堤的興築而切成兩半，
造就了一個較隱蔽安全的環境，
每年有全球過半的黑面琵鷺來此
棲息度冬，人們可以透過望遠鏡
看到黑面琵鷺站在水中覓食或休
息。請問：

圖 1

9. 圖 1 中的河流甲是指台灣的哪一河流？

　　(A) 高屏溪　　　　　　　　(B) 淡水河
　　(C) 大肚溪（烏溪）　　　　(D) 曾文溪

10. 該地區具備下列哪些環境條件而成為吸引黑面琵鷺度冬的棲地？

甲、棲地和周邊覓食區食物充裕

乙、棲地為潟湖具阻絕天敵之效

丙、四周有海堤或塭堤提供避風

丁、周邊沒有農漁業活動干擾

戊、有茂密紅樹林供其棲息

(A) 甲乙丙　　　　　　　(B) 甲乙丁

(C) 甲丁戊　　　　　　　(D) 丙丁戊

第 11-12 題為題組

北美洲在最近一次的冰期有
9% 的陸地被冰層所覆蓋。
當冰河因全球氣溫上升而逐
漸消融時，其搬運的土石碎
屑也因堆積而形成各種冰河
堆積地形。圖 2 是美國紐約
州威斯波特附近冰河堆積區
的地形圖，等高線間距為
20 呎。請問：

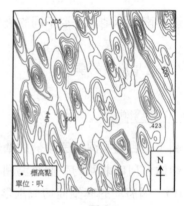

圖 2

11. 該區最可能是何種冰河堆積地形？

(A) 端磧　　　(B) 鼓丘　　　(C) 外洗扇　　　(D) 外洗平原

12. 這種地形可供辨認當年冰河流動的方向。圖中所顯示的冰河
流動方向為何？

(A) 東南 → 西北　　　　　(B) 西南 → 東北

(C) 西北 → 東南　　　　　(D) 東北 → 西南

第 13-15 題為題組

美國東岸北卡州的哈特勒斯角燈塔在 1870 年完工時，其座標為
北緯 35 度 15 分 14 秒，西經 75 度 30 分 56 秒，當時距海岸線約
884 公尺，但因海岸線往內陸後退，至 1990 年時海浪已威脅燈
塔的安全。管理機構於是在 1999 年將燈塔往內陸搬遷，新地點
的座標為北緯 35 度 15 分 2 秒，西經 75 度 31 分 44 秒。請問：

13. 燈塔大約是朝哪個方向遷移？
    (A) 西南　　　(B) 東南　　　(C) 西北　　　(D) 東北

14. 從 1870 年到 1990 年間，海岸線每年平均後退的速率大約是多少
    公尺？
    (A) 2～3　　　(B) 7～8　　　(C) 12～13　　　(D) 17～18

15. 假設這段海岸線後退的原因單純為海水面上升，且原燈塔設立位
    置往外海方向的坡降維持 1：2500，則 1870 年到 1990 年間，海
    水面每一百年平均上升速率大約是多少公分？
    (A) 10　　　(B) 2 0　　　(C) 3 0　　　(D) 40

第 16-18 題為題組

圖 3 為溫帶地區四個測站的氣候
資料，圖中的點符號代表各站每
月的氣溫及雨量值，每站各點的
連線可顯示所在地區全年的氣溫
及雨量的變化，不同的氣候類型
在氣候圖上會有特定的分布型態。
請問：

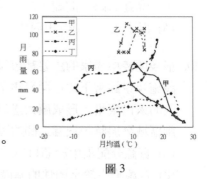

圖 3

16. 溫帶海洋性氣候最可能分布於下列哪地？
    (A) 甲　　　(B) 乙　　　(C) 丙　　　(D) 丁

17. 「該地的土壤顏色較淡，鹽類豐富，表層含有機質，土色近淡棕色，愈向下層土色就愈淺淡」。此段文字最有可能是描述下列何地的土壤？
    (A) 甲　　　　(B) 乙　　　　(C) 丙　　　　(D) 丁

18. 下列哪項敘述最能說明甲地的自然植被特性？
    (A) 草類為主，連綿成片，樹木罕見
    (B) 葉片呈針狀，樹種單純，四時常綠，多不落葉
    (C) 葉片比較大，且薄而柔軟，夏季枝葉繁茂，冬季落葉
    (D) 葉片小且硬，多有蠟質或茸毛，樹皮較厚，能適應乾熱旱季，樹木終年常綠

第 19-20 題為題組

　　城鄉統合起來形成區域。優質的區域發展必須能促進城鄉的良性互動、均衡發展，使城鄉間在政治、經濟、社會層面上互利分工，構成伙伴的關係。請問：

19. 下列台灣的哪些措施能促進城鄉互動、均衡城鄉的發展？
    甲、地方道路的鋪建 乙、通訊網絡的建構 丙、重工業區的設置
    丁、高速公路的開闢 戊、一鄉一特色的產業發展
    (A) 丙丁戊　　(B) 甲丙戊　　(C) 甲乙戊　　(D) 乙丙丁

20. 很多開發中國家的主要都市規模很大，這些都市中心地區的公共設施及景觀常不比已開發國家遜色，但在都市邊緣常有從鄉村移入的人口聚集，形成龐大違建區。這種現象是因為這些國家在規劃區域發展時，城鄉之間的資源分配出現以下哪種狀況所致？
    (A) 資源分配集中於鄉村
    (B) 資源集中於全國性的基礎建設
    (C) 資源平均分配於鄉村和都市
    (D) 資源集中分配於重要都市

第 21-22 題為題組

依據聯合國的人口統計資料，可發現第二次世界大戰後，各地人口急增，但都市化程度高低不一（圖 4）。請問：

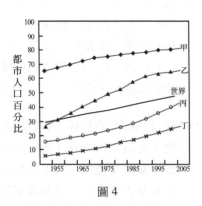

圖 4

21. 圖中甲、乙、丙、丁依序是哪四個地區？

(A) 南歐、北非、南美、南非

(B) 南歐、南美、北非、南非

(C) 西歐、西亞、東南亞、東非

(D) 西歐、東南亞、西亞、東非

22. 西亞都市化程度的變化與下列何者關係最密切？

(A) 農村勞動力不足，引進外勞

(B) 廉價農產品進口，促成農業轉型

(C) 實施耕者有其田，提升農民經濟生活

(D) 石油帶動經濟發展，大量國外人口移入

第 23-25 題為題組

表 1 為近年中國、印度、俄羅斯、巴西的基本資料。請問：

表 1

| 國　　　家 | 甲 | 乙 | 丙 | 丁 |
|---|---|---|---|---|
| 人口數（千人） | 186,405 | 1,103,371 | 143,202 | 1,315,844 |
| 五歲以下兒童死亡率（‰） | 35 | 87 | 21 | 37 |
| 面積（平方公里） | 850 萬 | 330 萬 | 1710 萬 | 960 萬 |
| 國內生產毛額（美元） | 5057 億 | 6006 億 | 4301 億 | 1.4 兆 |
| 國外直接投資（美元） | 101 億 | 43 億 | 80 億 | 535 億 |

23. 表 1 中的甲、乙、丙、丁依序是哪些國家？
    (A) 巴西、印度、俄羅斯、中國
    (B) 印度、俄羅斯、中國、巴西
    (C) 中國、巴西、印度、俄羅斯
    (D) 俄羅斯、印度、巴西、中國

24. 最近我國政府積極鼓勵國內產業進駐印
    度，尤其以邦加羅（Bangalore）的工
    業園區最受矚目。若以自然災害的角度
    來考量設廠區位，邦加羅較圖 5 中M
    城更具有下列哪項顯著優勢？
    (A) 山崩較少　(B) 沙暴較少　(C) 洪患較少　(D) 土石流較少

圖 5

25. 當前許多國家致力於區域結盟來擴大經濟實力。中國亟欲參與哪
    個國際組織的運作，以加速中國西南地區的發展？
    (A) 亞太經濟合作會議　　　　(B) 歐洲聯盟
    (C) 東南亞國協　　　　　　　(D) 世界貿易組織

第 26-27 題為題組

　　台灣自 1970 年代後，由於快速工業化與都市化，使耕地面積與
作物種植面積產生變化。表 2 為 1999 年與 2004 年全台及各區
作物種植總面積、耕地總面積及複種指數。請問：

表 2　　　　　　　　　　　　　　　　面積單位：千公頃

| 地區 | 作物種植總面積 | | 耕地總面積 | | 複種指數 (%) | |
|---|---|---|---|---|---|---|
| | 1999 | 2004 | 1999 | 2004 | 1999 | 2004 |
| 全台 | 931 | 737 | 855 | 836 | 108.8 | 88.2 |
| 甲 | 343 | 266 | 312 | 306 | 109.4 | 86.9 |
| 乙 | 72 | 63 | 94 | 94 | 76.6 | 67.0 |
| 丙 | 147 | 88 | 175 | 171 | 84.0 | 51.5 |
| 丁 | 367 | 319 | 273 | 265 | 134.4 | 120.4 |

說明：同一年在同一塊農地上種植二次或以上稱為複種；複種指數是將作物種
植總面積除以耕地總面積，再乘以 100。

26. 表中數據顯示1999 與2004 年間台灣各區農地利用變遷，其共同特性是：

    (A) 農地廢耕、休耕是各地區普遍現象
    (B) 農民多將耕地改種為多年生作物
    (C) 各地區耕地大量被改為非農業用地
    (D) 各地區的農地經營集約度均下降

27. 表中何者為台灣北部的農業土地利用數據？

    (A) 甲　　　　(B) 乙　　　　(C) 丙　　　　(D) 丁

第 28-29 題為題組

　　由於生產垂直分工及運輸通訊技術進步，使產業可利用不同國家的地理條件，發展專業化生產，促使國際間產生既競爭又合作的經濟關係。請問：

28. 國內某食用油製造廠商在十多年前就跨足海外，於中國深圳建立有專屬碼頭的大花生油廠，在中國、越南等地投資種植花生以掌握製油原料。不過因農產品生產具季節性，為穩定原料能全年供應，數年後該公司還可能到下列哪國成立新的花生生產基地？

    (A) 墨西哥　　　(B) 阿根廷　　　(C) 巴基斯坦　　(D) 印度

29. 近年美國製造業大舉關閉國內工廠，將生產基地遷移至國外，使製造業從業人員大批失業，例如 2000 年至 2003 年間，製造業失業人數增加了 260%，但是 2003 年的製造業產值仍比 2001 年略有成長。製造業產值之所以仍有成長應與下列何者關聯最密切？

    (A) 國內供應減少，產品單價提高
    (B) 從業員工數減少，人事費用降低
    (C) 同業競爭減少，訂單金額增加
    (D) 產業升級，勞動生產力提高

第 30-31 題為題組

在自給自足的傳統農村，農民在選擇作物時，首先考慮的是能否保障最低收穫，免於饑饉；其次才是追求較多的產量，以改善生活。請問：

30. 非洲撒赫耳地區的傳統農業不依賴灌溉，僅待天雨；同一塊農地在除草後，會先後混種多種作物，有時可達二十多種，包括多種豆類、瓜類、根莖類和穀類作物。這些作物的生長期長短不一，收穫量也有高低，有淺根的、也有深根的，有需水分較多的、也有耐旱的。這樣的作物組合，主要是為適應哪項氣候環境？
    (A) 熱而乾的旱季
    (B) 晝夜溫差大
    (C) 降雨集中的夏季
    (D) 年雨量變率大

31. 「在中國北方灌溉系統不發達的地區，主要作物是小米，雖然小米在正常年份的單位面積產量略少，但因其耐旱可在旱年時也能有所收穫，但其它作物則可能會粒穀無收」。根據上述說法，這些地區小米與其它作物個別的單位面積產量的次數分配曲線最接近於下列哪幅圖？

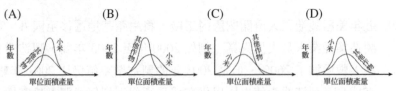

第 32-33 題為題組

GIS 網格資料結構與矩陣結構相似，具運算的效率性，普遍用於 GIS 空間分析。請問：

32. 下列 GIS 向量資料與網格資料的轉換關係哪些正確？

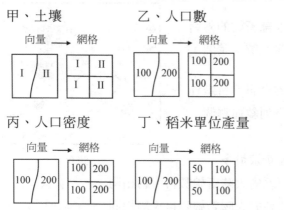

甲、土壤

乙、人口數

丙、人口密度

丁、稻米單位產量

(A) 甲乙　　(B) 乙丁　　(C) 甲丙　　(D) 丙丁

33. 表 3 網格資料 I 中的甲、乙、丙、丁是四塊土地的代碼，網格資料 II 中的 M 為新建捷運站位置，網格資料 III 為目前地價，如果地價隨著離捷運站的距離而變化，計算式為：

新地價 = 原地價 ×（1＋1／距離）

假設相鄰方格距離為 1，斜角方格距離為 1.4，則捷運站完工後，何處地價最高？

表 3

| I | | | | II | | | | III | | | |
|---|---|---|---|---|---|---|---|---|---|---|---|
| | | | | | M | | M | 10 | 10 | 20 | 15 |
| | 甲 | 乙 | | | | | | 15 | 10 | 20 | 15 |
| | 丙 | 丁 | | | | | | 15 | 15 | 10 | 15 |
| | | | | | M | | M | 15 | 15 | 15 | 20 |

(A) 甲　　(B) 乙　　(C) 丙　　(D) 丁

## 第 34-35 題爲題組

圖 6 爲某年台灣北部新婚的外籍
新娘原居地的圓餅地圖。請問：

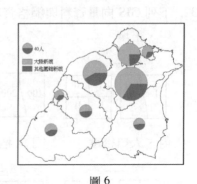

圖 6

34. 從地圖上所提供的資訊，新婚外
    籍新娘的分布，下列敘述哪個
    正確？
    (A) 台北市的大陸新娘最多
    (B) 桃園縣與苗栗縣的大陸新娘數目大約相同
    (C) 宜蘭縣與新竹縣的大陸新娘數目大約相同
    (D) 基隆市的大陸新娘數目比台北縣多

35. 哪個縣市的新婚外籍新娘數目最少？
    (A) 台北市　　(B) 新竹市　　(C) 宜蘭縣　　(D) 桃園縣

## 第 36-38 題爲題組

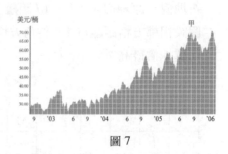

2005 年油價飆漲，美國希望
石油輸出國家組織（OPEC）
採取措施支持世界經濟的增
長，圖 7 爲近年美國輕原油
期貨價格圖。請問：

圖 7

36. 圖中甲處的油價高峰與下列哪一因素有關？
    (A) 石油生產國家缺少資金與勞力
    (B) 自然災害毀損美國的煉油設備
    (C) 石油輸出國發生大地震與風暴
    (D) 美洲新興國家經濟成長太快速

37. 下列何者爲 OPEC 成員國？
    (A) 挪威、巴西、澳洲
    (B) 敘利亞、黎巴嫩、俄羅斯
    (C) 南非、印度、墨西哥
    (D) 奈及利亞、伊朗、委內瑞拉

38. 基於國際油價居高不下，近來一些石化業者想到中國大陸設置輕
    油裂解廠，主要是考量中國大陸擁有哪些條件？
    甲、原料產量豐富　　　　乙、消費市場廣大
    丙、外籍勞工充足　　　　丁、環保限制較少
    (A) 甲丙　　　(B) 乙丁　　　(C) 甲丁　　　(D) 乙丙

第 39-40 題爲題組

圖 8 是二萬五千分之一
地形圖。請問：

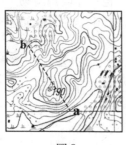

圖 9

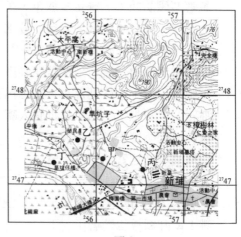

圖 8

39. 小明看著前方座標爲（256500,2748150）的山頭。他以目視法估
    計山頭約在其北偏東 30 度，且距離 1 公里處。小明可能站在地
    圖上的哪個地點？
    (A) 甲　　　(B) 乙　　　(C) 丙　　　(D) 丁

40. 圖 9 是某山頭的等高線圖。下列何者是圖上橫虛線 ab 的地形剖面？

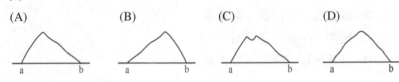

(A)　　　　　　　(B)　　　　　　　(C)　　　　　　　(D)

## 第貳部分：非選擇題（佔 20 分）

說明：共有二大題，第一大題包括 3 個子題，第二大題包括 4 個子題。每一子題的配分，註明於題後。各大題應在答案卷所標示題號之區域內作答，並標明子題題號。

一、 某學者前往中國西部半乾燥地區進行農村研究，在其日記中記載著某段訪談：「雖是多放羊、多種了地，但是開放前多生了的娃兒，如今年年鬧著分房、分地，大夥還是一個勁地窮。臘月天、新春頭，暖坑的煤球還不行痛快地買，大鍋灶只好挪動牛糞和禾稈對付著，這麼著開春撒田的大肥也就更稀鬆了，土不肥收成就不會好到那去，如今糧不夠也不作興搞運動，去開那石頭沙子地了，那可是折騰人哪；還有牛羊總不能餓著，屋角的株稈明擺著就是不夠，想捆到草苗透青怕是沒指望了，總不成到時任著羊兒扒雪嚼根？這可是咱們的命根哪！或許領導也聽著了，下莊裏來說甚麼東北的豆子積滯，要撥些到各鄉來，這下可好了，牲口可不會餓著了」。依據上述，可將該地「人口－生活能源－沙漠化」的關聯整理為圖 10。

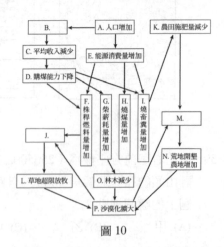

圖 10

請回答下列問題：

1. 請針對方格 (B)、(J)、(M) 分別寫出適當的詞句。（6分）

2. 根據上文，該地爲維持牧地生產力，解決方格 (L) 草地超限放牧所導致的環境問題，政府想到什麼因應方法？（2分）

3. 中國政府爲減緩方格 (A) 人口增加所帶來的衝擊，曾嚴格推行何種人口政策？（2分）

二、英國爲工業革命的先驅，其工業化帶動歐洲的經濟發展，進而改變世界的經濟版圖。二次大戰後，一些傳統的工業都市面臨產業調整的問題，例如昔日有「霧都」之稱的英國都市，工業曾相當發達，但至今許多人仍對 1952 年 12 月連日黃霧彌漫的災難記憶猶新，加上工廠設備老舊，所以 1970 年代以後當局加快產業改造，城內許多工廠或關閉或外遷，騰出來的地方，成爲文化事業中心、博物館、新興產業基地、新建住宅區或公園等，並積極培訓人才。

　請問：

1. 英國工業革命的發生與該國哪一種礦產資源最有關係？（2分）

2. 「霧都」位於圖 11 中何處？（2分）

3. 二次大戰後，促使「霧都」傳統產業轉型有哪兩項重要原因？（4分）

4. 在部門轉移過程中，該市產業轉移至哪個部門？（2分）

圖 11

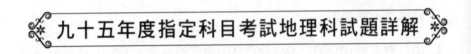

# 九十五年度指定科目考試地理科試題詳解

## 第壹部分：單一選擇題

第 1-2 題為題組

1. **C**

   【解析】(甲) 棲地面積縮減：非洲因人口增加，耕地不足，大
   量開發原始林和動物棲地。

   (乙) 人類非法獵殺：市場需求象牙，其經濟價值高，
   故獵象取牙。

   (丙) 外來物種侵入：對大象無如此巨大影響。

   (丁) 全球氣候變遷：近一、二十年氣候變遷較顯著，
   對物種是漸進式的影響。

2. **B**

   【解析】福壽螺能漂浮水中四處漫延，成螺離水產卵於稻稈、
   河渠岸、田埂，孵化後以植物為食，如：嚙食秧苗、
   水稻、菱角、蓮的嫩芽等，故對水田的稻米危害最深。

第 3-4 題為題組

3. **A**

   【解析】戴奧辛被稱為「世紀之毒」，廠區土壤受其污染而吸附
   戴奧辛，當地表水下滲時溶解毒物，含毒土壤水再滲
   入地下水，人類使用受污染地下水而進入人體。

4. **D**

   【解析】(A)(B)(C) 三者無法防止污染物擴散，淋溶、稀釋更加
   速擴散，故將污染土壤密封暫存為宜。

第 5-6 題爲題組

5. **C**

【解析】 (甲) 河川流出山谷谷口時，因坡度減緩而堆積形成山
麓沖積扇。

(乙) 沖積扇形成於谷口，扇面坡度較大；三角洲形成
於河口，坡度較緩。

(丙) 沖積扇的堆積物粒徑：扇頂＞扇央＞扇端。
扇頂堆積物顆粒大、孔隙大，河川容易下滲爲地下
水再由扇端湧出形成湧泉。

(丁) 沖積扇上河川因流幅變寬而分流呈網狀水系。

6. **A**

【解析】 台灣地形波陡流急，人爲不當開發山坡地，導致上游
河谷大量土石沖刷而下，常在谷口沖積扇形成土石流
災害，例如：南投大甲溪流域，神木村的土石流災害
屋毀人亡。

第 7-8 題爲題組

7. **C**

【解析】 文中敘述「南極上空在春天到初夏會有臭氧洞出現」，
因南、北半球季節相反，故南半球 9 月是春季，12 月
是夏初。

| 月　　份 | 3.4.5 月 | 6.7.8 月 | 9.10.11 月 | 12.1.2 月 |
|---|---|---|---|---|
| 北半球 | 春 | 夏 | 秋 | 冬 |
| 南半球 | 秋 | 冬 | 春 | 夏 |

8. **A**

　【解析】　⑴ 南極區比北極區寒冷原因：

　　　　　　　1. 南極為大陸，北極為海，因海陸比熱不同，陸冷海暖。

　　　　　　　2. 南極為高原，高原上有冰原，高達五千公尺，地勢高，溫度低。

　　　　　　　3. 南極無暖流，北極海有北大西洋暖流流經。

　　　　　⑵ (B) (C) (D) 選項南北極區的差異不大。

## 第 9-10 題為題組

9. **D**

　【解析】　⑴ 來自北韓或西伯利亞的黑面琵鷺，大部分在台灣西南曾文溪河口的七股溼地過冬。

　　　　　⑵ 甲：曾文溪　　　L：潟湖，L 旁有七股海堤。

10. **A**

　【解析】　(丁) 周邊農漁業活動，提供黑面琵鷺食物來源，並非干擾。

　　　　　(戊) 衛星影像圖中並無茂密紅樹林分布。

## 第 11-12 題為題組

11. **B**

　【解析】　⑴ 等高線間距 20 呎約 6 公尺左右，可判讀圖中冰河堆積地形高度近百公尺。

　　　　　⑵ 此冰河地形分布成群，排列方向一致，呈長橢圓形堆積，由等高線判讀出迎冰坡陡，等高線較密，背冰坡緩，等高線較疏，可判斷為鼓丘。

12. **C**

【解析】 鼓丘的長徑方向與冰河的流向一致，且鼓丘迎冰坡較陡，可判斷冰河流向是：西北→東南。

第 13-15 題為題組

13. **A**

【解析】 ⑴ $1^{\circ} = 60'$，$1' = 60''$

⑵ 北緯 35 度 15 分 2 秒（$35^{\circ} 15' 2'' N$）
位（$35^{\circ} 15' 14'' N$）的南方。

⑶ 西經 75 度 31 分 44 秒（$75^{\circ} 31' 44'' W$）
位（$75^{\circ} 31' 56'' W$）的
西方，見附圖經緯度座
標標示。

14. **B**

【解析】 因為 1870～1999 年移動 884 公尺

∴ $\dfrac{884}{(1999-1870)} = 7.42$ 公尺

15. **C**

【解析】 因已知坡降為 1：2500，120 年間海水淹沒距離為 884 公尺

∴ $884 \times \dfrac{1}{2500} = 0.3536$（公尺）$= 35.36$ 公分

每一百年海平面上升為

$35.36 \times \dfrac{100}{120} = 29.5$（公分）

第 16-18 題為題組

16. **B**

　　【解析】　溫帶海洋性氣候特徵：

　　　　　　⑴ 全年有雨，秋冬雨量較多。

　　　　　　⑵ 年溫差不大：最冷月均溫 0℃以上，最暖月 20℃上

　　　　　　　　下。

17. **D**

　　【解析】　⑴ (甲) 溫帶地中海型氣候

　　　　　　　　　 (乙) 溫帶海洋性氣候

　　　　　　　　　 (丙) 溫帶夏雨型氣候

　　　　　　　　　 (丁) 溫帶乾燥氣候（溫帶草原）

　　　　　　⑵ 文中描述土壤色近淡棕色，鹽類豐富，含有機質，

　　　　　　　　故應分布在降雨較少，淋溶較弱的溫帶草原區。

18. **D**

　　【解析】　甲為溫帶地中海型氣候，夏季高溫（28℃），且夏乾

　　　　　　冬雨，植物為避免過度蒸發，故形成葉小而硬，有臘

　　　　　　質或茸毛，樹皮較厚，以耐夏旱。

第 19-20 題為題組

19. **C**

　　【解析】　(丙) 重工業區的開發：造成城鄉環境污染問題，雖可增

　　　　　　　　加就業機會，但城鄉非良性互動。

　　　　　　(丁) 高速公路的開關：可快速連結大都會，主要為線

　　　　　　　　形發展，城鄉間無法面狀均衡發展。

20. **D**

　　【解析】　開發中國家資源過度集中於重要都市，造成城鄉差距擴大，鄉村人口移入都市邊緣地帶謀生，城鄉間「反吸」與「退化」現象嚴重。

第 21-22 題為題組

21. **C**

　　【解析】　(甲) 西歐：二次大戰後都市化程度達 65%，近代約 80%，都市化最早，且發展快速。

　　　　　　　(乙) 西亞：二次大戰前都市化程度低於 30%，目前高達 60%，人口在短期內移入都市，因西亞戰後發現石油，工礦業發展，都市化快速發展。

　　　　　　　(丙) 東南亞：二次戰前都市化程度僅 15%，近年也只 40% 上下，都市化緩慢。

　　　　　　　(丁) 東非：都市化程度落後。

22. **D**

　　【解析】　西亞因石油資源的開發，帶動經濟發展，造成都市化。

第 23-25 題為題組

23. **A**

　　【解析】　(1) 甲：巴西　乙：印度　丙：俄羅斯　丁：中國；為金磚四國。

　　　　　　　(2) 可由面積判斷：俄國面積最大，其次為中、印、巴。

　　　　　　　(3) 也可由人口判斷：中國人口最多，印、俄、巴次之。

24. **C**

【解析】 ⑴ M 區位恆河河口三角洲，屬熱帶季風氣候，降雨多
　　　　　地勢低，易有洪患。

　　　　　⑵ 邦加羅位印度德干高原南部內陸，位西高止山的背
　　　　　風側，夏雨冬乾，地處高原，不易有洪患。

25. **C**

【解析】 中國目前強力主導東南亞的經濟組織，與東南亞國協
　　　　十國加三（中、日、南韓）成立自由貿易協定，中國
　　　　西南地區與東南亞為鄰，可加速西南地區發展，強化
　　　　中國在亞洲的經濟實力。

第 26-27 題為題組

26. **D**

【解析】 ⑴ (A)(B)無法從表中數據看出。

　　　　⑵ (C)台灣耕地總表面積減少不多。

　　　　⑶ (D)由複種指數下降可看出農業集約度下降。

27. **C**

【解析】 可由耕地總面積判別：

　　　　甲：南部——有嘉南、屏東平原，耕地面積最廣。

　　　　乙：東部——山多田少，耕地主要分布在花東縱谷，
　　　　　　　面積最小。

　　　　丙：北部——工業化、都市化程度最高，地形多山
　　　　　　　地、丘陵、台地，耕地總面積次於中南部。

　　　　丁：中部——中部有彰化平原、台中盆地及河川沖積
　　　　　　　扇，耕地面積僅次於南部。

第 28-29 題為題組

28. **B**

【解析】 油廠已在北半球的中、越種植花生，為求全年穩定供
應，應選季節分布相反的南半球阿根廷成立花生種植
基地，以補北半球花生季節性的需求。

29. **D**

【解析】 ⑴ 文中敘述：「製造業失業人數增加 260％，但是 2003
年製造業產值仍比 2001 年略有成長」可知因產業
升級，勞動生產力提高，才能在勞工人口減少下，
產值仍有成長。

⑵ (A) 不符合自由市場原則。

(B) 從業員工減少，雖人事費用降低，但影響總產
量，總產值也會下降。

(C) 全球化後，同業競爭更激烈。

第 30-31 題為題組

30. **D**

【解析】 ⑴ 撒赫耳地區為熱帶莽原與沙漠氣候的過渡區，年雨
量變率大。

⑵ 文中敘述混種多種作物，生長期長短不一，有淺根
的，也有深根的，有需多水的，也有耐旱的。出現
這樣的組合，表示該地環境不穩定，故選氣候不穩
定的年雨量變率大。

31. **D**

【解析】　小米抗旱耐瘠土，種植於黃土高原、東北平原為主。

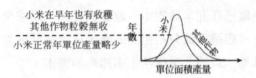

第 32-33 題為題組

32. **C**

【解析】　甲、丙：由向量資料轉換網格資料，兩者資料相同。

　　　　　乙：向量資料的人口數與網格資料人口數不符。

　　　　　丁：向量資料的稻米單位產量與網格資料者不相符。

33. **B**

【解析】　新地價＝原地價×$(1+\dfrac{1}{距離})$

　　甲：$10(1+1)=20$　　　乙：$20(1+\dfrac{1}{1.4})=34.2$

　　丙：$15(1+1)=30$　　　丁：$10(1+\dfrac{1}{1.4})=17.14$

第 34-35 題為題組

34. **C**

【解析】　判識圓餅圖：

　　(A) 台北縣大陸新娘最多。

　　(B) 桃園多於苗栗。

　　(D) 基隆市少於台北縣。

35. **B**

【解析】 由圓餅圖大小和所佔比例轉換成數量，可判知新竹市的圓餅圖最小，外籍新娘數目最少。

第 36-38 題為題組

36. **B**

【解析】 此提為時事題，2005 年 8 月 29 日卡崔那颶風侵襲美國南部，吹毀南部和墨西哥灣的石油設施，造成生命財產重大損失，引發了油價飆漲。

37. **D**

【解析】 OPEC 組織 1961 年 1 月由伊朗、伊拉克、沙烏地阿拉伯、科威特及委內瑞拉創立，陸續加入國：卡達、印尼、利比亞、阿布達比、阿爾及利亞、奈及利亞、厄瓜多、加彭。

38. **B**

【解析】 ⑴ 中國經濟快速發展，人口眾多，石油消費市場廣大。
　　　　 ⑵ 中國經濟發展初期，對環保限制較少，可降低生產成本。

第 39-40 題為題組

39. **A**

【解析】 ⑴ 座標（256500, 2748150）指標高 190 的山頭。

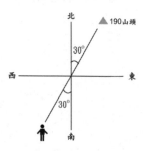

⑵ 小明估計山頭位北偏東 30 度，則小明位山頭的南
偏西 30 度。

⑶ 二萬五千分之一地形圖方格邊長為一公里，故判
斷小明在甲地。

40. **A**

【解析】 繪製 a──b 的剖面圖，
請見右圖。

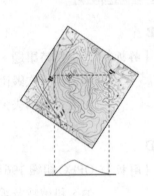

### 第貳部分：非選擇題

一、 1. ⑻ 每人平均耕地減少。
⑽ 牲畜草料減少。
⒀ 糧產減少。
2. 退牧還草、退農還牧。
3. 一胎化政策。

二、 1. 煤礦。
2. 丁。(霧都指英國倫敦，位大不列顛島東南的泰晤士河口
附近)
3. 環境污染、工廠設備老舊。
4. 第三級產業部門。

# 九十五學年度指定科目考試（地理）

## 大考中心公佈答案

| 題　號 | 答　　案 | 題　號 | 答　　案 |
|:---:|:---:|:---:|:---:|
| 1 | C | 21 | C |
| 2 | B | 22 | D |
| 3 | A | 23 | A |
| 4 | D | 24 | C |
| 5 | C | 25 | C |
| 6 | A | 26 | D |
| 7 | C | 27 | C |
| 8 | A | 28 | B |
| 9 | D | 29 | D |
| 10 | A | 30 | D |
| 11 | B | 31 | D |
| 12 | C | 32 | C |
| 13 | A | 33 | B |
| 14 | B | 34 | C |
| 15 | C | 35 | B |
| 16 | B | 36 | B |
| 17 | D | 37 | D |
| 18 | D | 38 | B |
| 19 | C | 39 | A |
| 20 | D | 40 | A |

# 九十五學年度指定科目考試
# 各科成績標準一覽表

| 科　　目 | 頂　標 | 前　標 | 均　標 | 後　標 | 底　標 |
|---|---|---|---|---|---|
| 國　文 | 67 | 61 | 52 | 43 | 35 |
| 英　文 | 67 | 51 | 28 | 13 | 7 |
| 數學甲 | 62 | 50 | 35 | 20 | 12 |
| 數學乙 | 88 | 78 | 56 | 32 | 19 |
| 化　學 | 71 | 59 | 41 | 25 | 16 |
| 物　理 | 54 | 39 | 22 | 12 | 6 |
| 生　物 | 71 | 60 | 44 | 30 | 22 |
| 歷　史 | 56 | 49 | 40 | 29 | 20 |
| 地　理 | 60 | 52 | 40 | 29 | 20 |

※ 以上五項標準係依各該科全體到考考生成績計算，且均取整數（小數只捨不入），各標準計算方式如下：

頂標：成績位於第 88 百分位數之考生成績。

前標：成績位於第 75 百分位數之考生成績。

均標：成績位於第 50 百分位數之考生成績。

後標：成績位於第 25 百分位數之考生成績。

底標：成績位於第 12 百分位數之考生成績。

# 九十四年大學入學指定科目考試試題
# 地理考科

## 第壹部分：選擇題（佔 76 分）

說明：第 1-38 題為題組題，每題皆為單選；請選出一個最適當的選項，標示在答案卡之「選擇題答案區」。每題答對得 2 分，答錯或劃記多於一個選項者倒扣 2/3 分，倒扣到本大題之實得分數為零為止。未答者，不給分亦不扣分。

第 1-3 題為題組

二次戰後的 60 年來，台灣農業從傳統轉化成市場及多元化導向；加入 WTO 後，為因應國內、外市場之變遷及永續發展的潮流，農業再度面臨著轉型。請問：

1. 下列哪些現象是台灣農業「市場及多元化導向」的呈現？
   (甲) 城鄉差距的縮短　(乙) 生產結構的改變　(丙) 附加價值的提高
   (丁) 休閒農業的發展　(戊) 自給經濟的發展
   (A) 甲丙戊　　(B) 甲乙丁　　(C) 乙丙丁　　(D) 丙丁戊

2. 台灣目前市場流行的有機農產品，最主要是下列哪些（社會）變遷的結果？
   (甲) 消費者追求健康飲食的趨勢
   (乙) 農業生產與行銷策略的變更
   (丙) 社會追求自然資源永續利用
   (丁) 城鄉差異與貧富差距日益擴大
   (戊) 老年人口飲食消費需求降低
   (A) 甲乙丙　　(B) 甲丙戊　　(C) 甲丙丁　　(D) 乙丁戊

3. 下列哪些發展方向最有利於台灣農業的永續發展？
   (甲) 提倡融合地方生態環境的休閒農業
   (乙) 重視農民地方經驗以求特色農業的發展
   (丙) 農地產權買賣高度自主以符民主潮流
   (丁) 擴增交通路線以因應休閒農業的需要
   (戊) 善用農業生物科技以提高農業的效益
   (A) 甲丙丁　　(B) 甲乙戊　　(C) 甲乙丁　　(D) 丙丁戊

## 第 4-5 題為題組

澎湖群島位於台灣海峽，主要由 64 個大小島嶼所組成。在地質上除花嶼之外，其餘各島嶼都是由玄武岩和部分夾層的沈積岩所組成，而在島嶼四周常有珊瑚礁發育。請問：

4. 下列何處的火山因岩漿的流動特性而形成與澎湖群島類似的地形？
   (A) 台灣大屯山　　　　　　(B) 日本富士山
   (C) 美國聖海倫火山　　　　(D) 美國夏威夷火山

5. 珊瑚礁碎塊（俗稱咾咕石）過去常被居民用於下列哪些用途？
   (甲) 堆造石滬捕魚　　　　(乙) 砌綠蠵龜產卵庇護所
   (丙) 築擋風牆抗東北季風　(丁) 當作消波塊抗浪
   (A) 甲丙　　(B) 乙丁　　(C) 甲乙　　(D) 丙丁

## 第 6-7 題為題組

某高中地理老師帶學生到台灣西部的一段海岸進行戶外考察，到達海邊時發現海岸防風林的木麻黃大量傾倒，原屬海防部隊的水泥崗哨亦傾陷在水中。請問：

6. 台灣西部海岸的海岸線目前有 80% 左右正處於侵蝕狀態，但各
   地海岸線後退原因並不相同。下列何處海岸線的後退主要是因地
   層下陷所造成？
   (A) 台北八里　(B) 新竹南寮　(C) 雲林口湖　(D) 台南七股

7. 下列哪些人為活動可能造成台灣西部海岸的侵蝕現象？
   (甲) 河川上游興建水庫　　　(乙) 河川上游濫墾濫伐
   (丙) 興建港口防波堤　　　　(丁) 開採河口海岸砂石
   (戊) 防風林內傾倒廢土
   (A) 甲丙丁　　(B) 乙丁戊　　(C) 乙丙戊　　(D) 甲丁戊

第 8-10 題為題組

　　圖 1 是幾種常見的侵台颱風路徑圖。當路徑不同時，風向及風
雨情況有很大差異。請問：

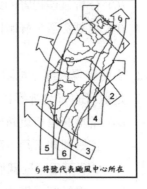

圖 1

8. 當颱風以第 4 號路徑，沿東部海岸北上
   侵襲台灣，颱風中心到達圖示之位置時，
   下列哪些地區最有可能發生焚風現象？
   (A) 台南、嘉義
   (B) 基隆、台北
   (C) 台中、苗栗
   (D) 台東、花蓮

9. 十、十一月侵襲台灣的颱風被稱為秋颱。
   如秋颱以第 3 號路徑經台灣南端或巴士海峽侵襲台灣時，除了
   恆春、高雄地區會有狂風暴雨外，下列哪些地區最有可能出現
   豪大雨現象？
   (A) 金門、馬祖　　　　(B) 基隆、台北
   (C) 台中、苗栗　　　　(D) 台東、花蓮

10. 當台灣北部的颱風環流是西北-東南流向時，氣流可沿淡水河進入台北盆地，並在盆地南部沿山抬升，造成特大風雨，稱為「西北颱」。這種現象應是下列哪種路徑颱風所造成的？

(A) 1　　　　(B) 2　　　　(C) 4　　　　(D) 5

第 11-12 題為題組

小明前去參觀資訊應用展中有關 GIS 在政府部門和民間廠商的應用情形。請問：

11. GIS「疊圖分析」已被公部門普遍使用。下列哪項業務最適合用此法來處理？

(A) 找出位在水源保護區內的養豬戶

(B) 界定鄰近工地 50 公尺的噪音影響範圍

(C) 分析最佳視野的遊客觀景台位置

(D) 規劃交通尖峰時間避開塞車的替代道路

12. 小明發現大部分地圖出版商皆採用 GIS 作為輔助製圖工具，下列是他寫的有關新舊製圖差異之心得，其中哪段敘述不正確？

(A) 當地圖需要更新時，GIS 只要將更新部份重繪即可，傳統手工繪圖則必須全部重繪

(B) GIS 可用不同圖層來管理不同主題的大量資料，傳統繪圖在一張紙圖上僅能有少數主題

(C) 瀏覽 GIS 中的電子地圖時，可利用放大和縮小工具改變地圖的比例尺，傳統紙圖則只有一個固定的比例尺

(D) 不同來源的舊紙圖經過數化後，使用 GIS 便可以不經投影和座標系統的轉換，將不同的地圖整合在同一底圖上

第 13-14 題為題組

距離所形成的交通成本與時間成本，會影響消費者與供應者間的商品交易。請問：

13. 大台北地區捷運開通後，沿各個捷運車站有很多新的消費性商店與服務行業聚集，這是因為捷運站的交通區位使下列哪個因素發生變化所致？
(A) 商品圈擴大　(B) 商品圈縮小　(C) 商閾擴大　(D) 商閾縮小

14. 台灣都市內隨處可見 24 小時便利商店，目前這類商店仍在持續增加中，這是因為其商品圈與商閾存在著何種關係？
(A) 商閾遠比商品圈小　　　(B) 商閾與商品圈相近
(C) 商品圈比商閾小　　　　(D) 兩者之間無關連性

第 15-16 題為題組

青藏高原東南部地區，自然植被由下往上是河谷灌叢帶、高山森林帶、高山草原帶、高山寒原帶。行山牧季移的牧民人口日增，所產山羊毛品質甚佳，近年頗受市場歡迎，少數藏民在緩坡地栽種旱作，以補充藏民所需的部分糧食。請問：

15. 當地已出現高山森林帶上限下移、下限上移的退縮現象，主要造成的原因為何？
(甲) 氣候變乾　(乙) 工礦業開發　(丙) 擴展牧地
(丁) 燃料需求　(戊) 花卉栽培
(A) 甲丙　　　(B) 丙丁　　　(C) 乙戊　　　(D) 甲丁

16. 藏民所栽種的旱作以玉米、小麥、大麥、馬鈴薯等為主，其中以馬鈴薯的栽培高度上限最高，其原因為何？
(A) 可在霜期栽種　　　　(B) 適合凍土培育
(C) 生長季最短　　　　　(D) 耐鹼性土壤

## 第 17-19 題為題組

21 世紀的中國不僅成為世界生產大國，也是世界主要市場大國。外國企業投資金額位居全球第一位，也是世界主要原料進口國，年經濟成長率高達 9％。經濟高度發展下，推動了區域發展，加快了都市化的腳步，也使得城鄉風貌產生許多變化。請問：

17. 下列有關近年中國進出口貿易的結構，哪項陳述是正確的？
    (A) 以稻米為主食，故小麥常維持淨輸出的狀況
    (B) 蘊藏豐富的鐵、銅礦，故不仰賴進口供應
    (C) 能源以核能和水力為主，石油進口增幅小
    (D) 家電產品逐漸接近成衣，亦成為出口大宗

18. 下列有關中國區域發展的敘述，哪項是正確的？
    (A) 鄉村人口大量湧入都市，都市人口比率現已略高於鄉村
    (B) 高經濟成長率主要出現在沿海地區，內陸經濟成長率仍為負值
    (C) 為平衡區域間之差距，中國政府進行「西部大開發」計畫
    (D) 東北地區已有良好之工業基礎，故成為外資最大的集中地

19. 下列哪些因素使得外資樂於投資中國？
    (甲) 交通方便，物資可暢通全國
    (乙) 獎勵內銷，產品可直銷全國
    (丙) 資金融通方便，借貸成本低
    (丁) 人口眾多，國內市場潛力大
    (戊) 工資低廉，有助降低生產成本
    (A) 甲丙　　　(B) 乙戊　　　(C) 丙丁　　　(D) 丁戊

## 第 20-21 題為題組

2004 年印尼蘇門答臘西北海域於當地時間 12 月26 日上午 7:58 發生規模 9 的地震，隨後引發強烈海嘯，海嘯影響範圍波及南亞，甚至到達 7000 公里外的非洲。圖2 為海嘯前進的等時線圖，圖中等時線間距為 1 小時，鋸齒狀的線條代表斷層線。請問：

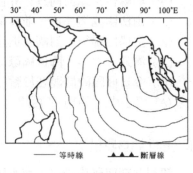

圖 2

20. 當天（12 月 26 日）索馬利亞東北沿海也受到這次海嘯的衝擊，造成上百人失蹤。海嘯抵達該地的當地時間為何？
    (A) 10時　　　(B) 12時　　　(C) 14時　　　(D) 16時

21. 發生地震的斷層線為南北向，所引發海嘯最強的波浪為東西向。下列哪個國家由於位在該斷層線北方，海岸地區有許多小島和珊瑚礁屏障，因此受創程度遠較其他鄰近國家輕微？
    (A) 印度　　　(B) 柬埔寨　　　(C) 泰國　　　(D) 緬甸

## 第 22-23 題為題組

區域特色通常為一地自然環境與人文條件長期共同運作的結果，但有時卻由少數因子突顯出其特色。例如中美洲的巴拿馬，在巴拿馬運河影響下，添增不少有別於其鄰近地區的獨特性。請問：

22. 下列有關巴拿馬區域特色之敘述，哪些是正確的？
    (甲) 馬雅古文明發源地　　　　(乙) 人口以印地安土著為主
    (丙) 外銷農產以香蕉、蔗糖為主　(丁) 運河將國土分隔成兩半
    (戊) 農業人口數佔就業人口 1/2
    (A) 甲丙　　　(B) 甲丁　　　(C) 丙丁　　　(D) 乙戊

23. 下列有關巴拿馬運河的敘述哪些是正確的？
　　(甲) 與蘇伊士運河同為世界僅有的二大聯結海洋的運河
　　(乙) 由法國建造完成，並長期由美國就近經營管理
　　(丙) 主權回歸後，對國庫與產業結構帶來重大的影響
　　(丁) 溝通二大洋，降低國際的交通運輸時間與成本
　　(戊) 今日面臨的問題在於輪船已加大，但運河寬度有限
　　(A) 丙丁戊　　　(B) 乙丙戊　　　(C) 甲乙丁　　　(D) 甲丙丁

第 24-25 題為題組

　　智利北部與秘魯沿岸，海水因持續西向的氣流吹送而呈離岸方向的洋流，流向西太平洋，深海的冷海水上湧補充；當聖嬰現象發生時，西向氣流減弱，表面海水由西太平洋向東流至秘魯沿岸，湧升流消失，沿岸水溫升高，氣候出現異常，常造成自然災害。請問：

24. 聖嬰年時秘魯沿岸因氣候異常帶來的自然災害為何？
　　(A) 風災　　　(B) 水災　　　(C) 旱災　　　(D) 沙塵暴

25. 聖嬰現象亦對秘魯地區的社會經濟造成重大衝擊，請問下列敘述何者錯誤？
　　(A) 東南太平洋漁場漁獲量下降
　　(B) 漁產加工產品出口數量銳減
　　(C) 沿海島嶼的鳥糞層大幅減少
　　(D) 糧食作物因此無法自給自足

第 26-28 題為題組

　　為保護非洲尚存的物種，並解決非洲的貧窮，在國際環境與金融組織的鼓勵下，非洲成立全球僅有的四個跨國公園，它不但使生態系有自由且自然的消長機會，同時也針對因為貧窮所導致對自然環境不當利用的問題，提供了解決方法。但跨國保護公園的實現，也衝擊著傳統國家疆界的觀念。請問：

26. 下列哪些重要條件使非洲得以成立全球僅有的四個跨國保護公園？
    (甲) 國際政治組織的倡導　　　　(乙) 觀光提供工作機會
    (丙) 人口稀少保護公園易於實現　(丁) 動植物資源亟需保育
    (戊) 世界分工之具體落實
    (A) 甲乙丙　　　(B) 乙丙丁　　　(C) 丙丁戊　　　(D) 甲丁戊

27. 此類型跨國界保護公園成立的最大動機爲何？
    (A) 共同分擔野生動植物保育的責任
    (B) 爲保護棲地與生態的完整性
    (C) 能提供到訪者多樣化的遊憩經驗
    (D) 促進兩國或多國邊界居民的互動

28. 下列何者爲上述跨國界合作最難以克服的問題？
    (A) 國際合作涉及理想與利益的整合
    (B) 邊界地區自然環境形勢的阻隔
    (C) 季節性資源調整與分配的難題
    (D) 跨國地區人口分布懸殊整合困難

第 29-30 題爲題組

　　近三十年來，馬來西亞和印尼成爲全球棕油主要輸出國，輸出量分居世界第一、二位。油棕產業爲兩國帶來大量外匯以及農村人口的就業機會。請問：

29. 棕油輸出之前，馬國和印尼兩國分別以哪種物品爲其外匯最主要的來源（順序不能顛倒）？
    (A) 石油和天然橡膠　　　(B) 石油和天然氣
    (C) 天然氣和石油　　　　(D) 天然橡膠和石油

30. 印尼棕油產量目前居世界第二位，但油棕種植面積和產量節節上升，直逼馬來西亞。印尼油棕業有哪些條件較優於馬來西亞？

    (甲) 降水量較為豐沛　　　　(乙) 工資較為低廉

    (丙) 加工技術較高　　　　　(丁) 人力資源較豐沛

    (戊) 農業機械化較高

    (A) 甲乙　　　(B) 丙丁　　　(C) 乙丁　　　(D) 甲戊

第 31-33 題為題組

拉丁美洲土地分配極度不均，不僅影響各國農業發展，並造成社會之不安定。圖 3 是巴西不同農場規模農戶數與所佔全國農地面積的累加百分率圖，其中橫軸係將各農戶按農場規模由小至大依序排列而成，而圖中數字即代表農場規模。請問：

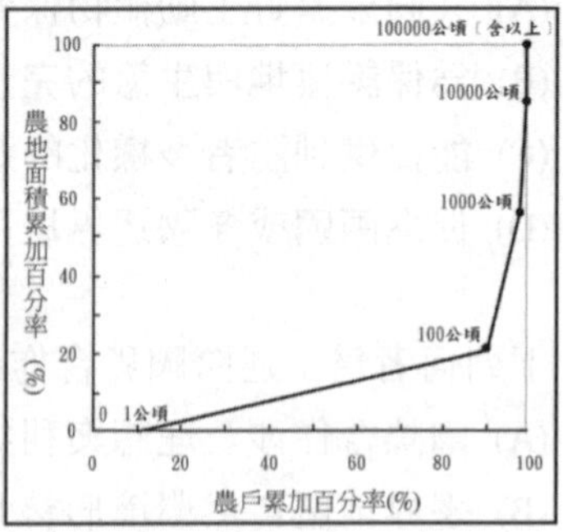

圖 3

31. 大部分農戶的農場規模為多少公頃？

    (A) ＜1　　　　　　　　(B) 1-100

    (C) 100-1000　　　　　(D) ＞1000

32. 農場規模1000 公頃以上的大地主農戶數及其所佔農地面積之百分率分別為何？

    (A) 99及56　　　　　　(B) 1及56

    (C) 1及44　　　　　　 (D) 99及44

33. 土地分配不均，對巴西農業發展有下列哪些影響？
    (甲) 大農場土地利用率甚低　(乙) 農產僅供國內市場消費
    (丙) 土地過大使農作多樣化　(丁) 土地集中農村貧富不均
    (戊) 租佃關係不利農地改良
    (A) 甲乙丁　　(B) 乙丙戊　　(C) 丙丁戊　　(D) 甲丁戊

第 34-35 題為題組

為了增進地區在國際上的競爭力，相鄰的國家常結盟為區域性的
組織。其中以歐盟歷史最悠久，成員國高達 25 國（2004 年），
合作項目多，堪稱全球區域整合的典範。請問：

34. 下列有關歐盟地區之敘述何者正確？
    (甲) 天主、基督與東正教派區
    (乙) 英語為歐盟未來單一語言
    (丙) 境內人員和貨物通行無阻
    (丁) 義務教育制度趨向一致化
    (戊) 歐元為歐盟地區單一貨幣
    (A) 甲戊　　　(B) 甲丙　　　(C) 乙戊　　　(D) 乙丁

35. 於 2004 年加入的新成員國波蘭和匈牙利，產業以農業為主，但
    與原成員國之間差距頗大，因此如何提升兩國之農業發展，為歐
    盟急需解決的難題。下列有關此兩國目前農業經濟發展的敘述，
    哪些是正確的？
    (甲) 集體大農場，個人無生產決定權
    (乙) 農產品市場擴大，競爭者也增加
    (丙) 歐盟價格保護政策，農業人口增加
    (丁) 自由競爭體系，農民適應不良
    (戊) 失業小農增加，移入其他歐盟國家
    (A) 甲丙　　　(B) 甲丁　　　(C) 乙丁　　　(D) 乙戊

第 36-38 題為題組

　　高科技資訊產業研發投入成本極高，但產品生命週期短，因此產
業的空間分工以降低成本與提高資源的利用度為要。在研發期
後，產品之生命週期可分為三個階段：

階段 I：研發完成進入市場時，需求量較少，價格較高

階段 II：成為主流產品時，需求量大，價格下降

階段 III：當產品接近生命週期尾聲時，需求量小，維修為主

甲資訊工業公司的重要客戶在美國，最大生產基地設在中國深
圳，但甲公司在美國加州也設有一小廠與其最大客戶的營運總
部只有一牆之隔。產品需修改時，則由甲公司的兩廠研發人員
透過電傳視訊接力研發。請問：

36. 甲公司與美國最大客戶具有分工關係，就該項產品而言，其客戶
之營運總部主要是負責下列哪個階段的工作？

(A) 研發期　　(B) 第 I 階段　　(C) 第 II 階段　　(D) 第 III 階段

37. 甲公司的加州小工廠主要是支援產品生命週期的哪些階段？

(A) I　　　　(B) I 和 II　　　(C) II 和 III　　(D) I 和 III

38. 甲公司利用兩地兩廠接力研發修改，主要是要節省下列哪個資
源？

(A) 人力　　　(B) 技術　　　(C) 時間　　　(D) 市場

**第貳部分：非選擇題**（佔 24 分）

說明：本大題共有三題，答案務必寫在答案卷所標示題號之區域內，
　　　並於題號欄標明子題號（1、2、3…）。每題配分標於題末。

一、　一位在布吉納法索參與醫療服務的台灣人說：「聽到這個國家
　　　生活問候語『有沒有拉肚子？』等同於我們的『吃飽了沒？』
　　　…。多數人沒有工作，但是起碼有一塊田可以在雨季來時耕作
　　　…這一年收穫的東西，得要撐到下一年的收割，因此今年挨不
　　　挨餓，完全取決於雨下得夠不夠…。有國際組織在村子發放小
　　　額貸款，讓婦女們可以經營小本生意…」。請問：（8分）

1.　以「有沒有拉肚子？」作為生活問候語，顯示哪種公共設施的缺
　　乏？（2分）

2.　由上文得知，布吉納法索有些年份降水足以供應農作成長，有些
　　年份則否。該地的降水特色為何？（2分）

3.　就羅斯托（W.W.Rostow）的經濟發展階段模式而言，布吉納法
　　索處於模式中哪個階段？（2分）

4.　國人前往外國協助當地人改善生活品質，與上述國際組織的區域
　　發展工作類似。此類活動或行為，通稱為何？（2分）

二、　用以規範工業國家溫室氣體排放量的「京都議定書」已於 2005
　　　年 2 月 16 日起正式生效，其中推廣風力發電是政府因應的政策
　　　之一。國內第一座商業化運轉之風力發電系統設置於雲林縣麥
　　　寮鄉台塑六輕工業區，表一為 2003 年該系統一號機運轉紀錄。
　　　（8分）

表一

| 月　　　份 | 1 | 2 | 3 | 4 | 5 | 6 | 7 | 8 | 9 | 10 | 11 | 12 |
|---|---|---|---|---|---|---|---|---|---|---|---|---|
| 平均風速（公尺／秒） | 8.3 | 6.9 | 6.9 | 5.2 | 5.3 | 5.5 | 4.2 | 3.2 | 4.3 | 7.3 | 9.4 | 8.8 |
| 發電量（萬度） | 23.1 | 15.6 | 17.5 | 9.2 | 10.3 | 9.2 | 3.1 | 1.3 | 8.4 | 19.1 | 26.2 | 25.5 |

1. 請舉出兩個明確的環境因素，說明雲林麥寮六輕工業區為何適宜設置風力發電系統？（4分）

2. 請以「離散趨勢」的概念，說明表一的運轉紀錄有何特性？（2分）

3. 請就能源供需的季節特性，解釋為何台灣無法以風力發電作為主要的能源？（2分）

三、東沙島（圖4）位於東沙群島（圖5）的西側，全島陸域面積1.74平方公里，由珊瑚及貝殼碎屑堆積而成，最高海拔7公尺。請問：（8分）

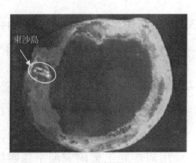

圖4　　　　　　　　　　　圖5

1. 圖4中東沙島上長條型甲設施是什麼？（2分）

2. 圖4中的乙水域，在地形上稱作什麼？（2分）

3. 圖5中東沙群島屬哪種珊瑚礁地形？（2分）

4. 採集不同高度的珊瑚礁樣本進行定年分析，可以知道當地什麼環境變遷的歷史？（2分）

# 九十四年度指定科目考試地理科試題詳解

## 第壹部分：選擇題

### 第 1-3 題爲題組

**1. C**

　【解析】　台灣農業「市場及多元化導向」的呈現包括：

　　　　　(乙) 生產結構的改變 —— 自給性農作轉向商業性農作。

　　　　　(丙) 附加價值的提高 —— 發展精緻農業。

　　　　　(丁) 休閒農業的發展 —— 如休閒農園、民宿等。

　　　　　其他如：⑴ 提高農產品質　　⑵ 建立品牌信譽

　　　　　　　　　⑶ 引進企業經營理念　⑷ 提升運銷效率

　　　　　　　　　⑸ 提高農業競爭力等。

**2. A**

　【解析】　(甲) 社會追求自然健康的有機農產。

　　　　　(乙) 有機農產透過市場行銷及提倡，讓消費者樂予
　　　　　　　　享用。

　　　　　(丙) 重視環境保育資源永續利用，不用化學肥料與農
　　　　　　　　藥，避免環境污染，故台灣農業趨向有機農產。

**3. B**

　【解析】　台灣農業永續發展的方向：

　　　　　⑴ 提高農業競爭力：利用農業生物科技，提高農產品
　　　　　　　質，降低生產成本。例如：良質米、有機農業等的
　　　　　　　推廣。

(2) 提升運銷效率：建立產銷資訊，拓展運銷管道，採
多元化行銷，統一配送，共同運銷。

(3) 調整生產結構：生產具地方特色的農業特產，採
「質精、量少、多變化」發展。

(4) 輔導離農轉業，發展休閒農業。

(5) 調整農地利用：放寬農地農有限制，開放自由買賣。

第 4-5 題為題組

4. **D**

【解析】

| 噴發類型 | 酸性熔岩<br>猛烈噴發 | 鹽基性熔岩<br>寧靜噴發 |
|---|---|---|
| 噴出物 | 黏性大，<br>不易流動 | 黏性較小，<br>易流動 |
| 內部壓力 | 氣體不易散失，<br>壓力大 | 氣體易散失，<br>壓力小 |
| 主要地形 | 1. 錐狀火山（如富士山、大屯山、聖海倫火山）<br>2. 火山口→火口湖（如長白山天池） | 1. 熔岩台地（如澎湖玄武岩台地）<br>2. 熔岩高原（如哥倫比亞高原、德干高原） |
| 代表火山 | 義大利維蘇威火山 | 夏威夷火山 |

5. **A**

【解析】澎湖居民昔日常利用咾咕石（珊瑚礁）築屋、建檔風
短牆抗東北季風、堆造石滬補魚。

第 6-7 題為題組

6. **C**

　　【解析】 (A) 台北八里：因淡水河抽砂、石門水庫及翡翠水庫興建，供砂量減少，海岸線受蝕後退。

　　　　　　 (B) 新竹南寮：新竹漁港防砂堤加長引發突堤效應，使港口以南海岸因缺乏砂源補充，海岸受蝕後退，南寮海水浴場沙灘消失泰半。

　　　　　　 (C) 雲林口湖：自民國 70 年後因養殖業盛，超抽地下水，地層下陷，海岸線後退。

　　　　　　 (D) 台南七股：位曾文溪口，因上游興建曾文水庫後，河川輸砂量大減，僅溪口附近濕地稍有擴大，七股海岸受蝕後退（最大後退 200m），並掏空海堤。

7. **A**

　　【解析】 (甲) 河川上游興建水庫，減少河口附近的輸砂量。

　　　　　　 (丙) 興建港口防波堤，產生突堤效應，海堤突出海岸，阻擋沿岸流輸沙之路徑，導致堤前堆積，堤後侵蝕的現象。

　　　　　　 (丁) 開採河口海岸砂石，海岸後退。

第 8-10 題為題組

8. **D**

　　【解析】 颱風為一熱帶氣旋，氣流呈逆時針旋轉，見圖示。故台東、花蓮位中央山脈背風側，最可能發生焚風現象。

9. **B 或 D**

【解析】　秋颱以第 3 號路徑侵襲
時，引進海上東南氣流，
台東、花蓮位迎風側，
出現豪大雨（請見圖示），
同理台北、基隆亦可能出
現豪大雨現象。

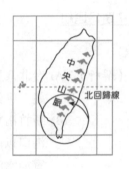

10. **A**

【解析】　西北颱常引進西南颱風
環流，沿淡水河進入台
北盆地，在盆地南部沿
山抬升，造成特大風雨。

第 11-12 題為題組

11. **A**

【解析】　利用透明片將相同比例尺和投影系統的「水源保護區
圖」與「養豬戶分布圖」疊圖分析，可找出位在水源
保護區內的養豬戶。
(B) 屬環域分析。(C)　屬視域分析。
(D) 屬最佳路徑分析。

12. **D**

【解析】　(D) 利用地理資訊系統（GIS）的空間分析功能，可以
輕易的在不同地圖投影及比例尺間轉換，將不同的
舊紙圖整合在同一底圖上。

第 13-14 題為題組

13. **A**

【解析】 ⑴ 商品圈：指消費者願意移動到中地購買商品或服務的最大距離。

⑵ 商閾：是維持中地服務者繼續營業的臨界距離或最低需求量。

⑶ 捷運便捷的交通降低了時間成本（旅時縮短），也降低消費者的交通成本，故擴大捷運車站附近商店與服務業的商品圈。

14. **A**

【解析】 因商閾遠比商品圈小，表示仍有利可圖，新競爭者出現，故便利商店仍持續增加中。

第 15-16 題為題組

15. **B**

【解析】 (丙) 由文中「行山牧季移的牧民人口日增……」可判斷藏民擴展牧地（高山草原帶），使高山森林帶的上限下移。

(丁)「藏民在緩坡地栽種旱作……」可判知藏民定居坡地從事農業生活，有燃料的需求而伐低處林木，使森林帶下限上移。

16. **C**

【解析】 高度愈高，溫度愈低，生長季節愈短，馬鈴薯適應寒冷氣候生長季短，故栽培的高度上限最高。

第 17-19 題為題組

17. **D**

　　【解析】　(A) 以稻米、小麥為主食，中國近年小麥仍需進口。

　　　　　　　(B) 中國消費全球¼ 鋼鐵（26.9%）、⅕ 銅（19.7%），
　　　　　　　　　雖出產金屬礦，但不足工業所需，須賴進口。

　　　　　　　(C) 能源以燃煤（占 31%）、電力（10.2%）為主，石
　　　　　　　　　油進口量持續增加。

18. **C**

　　【解析】　(A) 中國因嚴格控制人口移動，故都市化程度不高。

　　　　　　　(B) 中國內陸經濟成長率不及沿海地區，但仍呈正成長。

　　　　　　　(D) 中國東部沿海地區（華中、華南）為外資最大集
　　　　　　　　　中地。

19. **D**

　　【解析】　中國人口眾多，國內市場潛力大，勞工充足、工資低廉，
　　　　　　　可降低生產成本，政府給予租稅優惠，故吸引外資。

　　　　　　　(甲) 中國內地交通建設仍落後與不足。

　　　　　　　(乙) 中國產品目前以出口擴張為主。

　　　　　　　(丙) 中國對資金控管嚴格，未自由化。

第 20-21 題為題組

20. **B**

　　【解析】

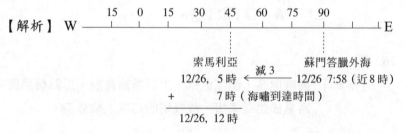

21. **D**

【解析】 緬甸位該斷層線北方，受創較輕。

第 22-23 題為題組

22. **C**

【解析】 (甲) 馬雅古文明發源於墨西哥猶加敦半島。分布於爪地馬拉北部、宏都拉斯西部、貝里斯及薩耳瓦多北部等地區。

(乙) 巴拿馬：以麥士蒂索人為主。

(戊) 巴拿馬主要產業為服務業，約占就業人口 55%，占全國總生產毛額的 73%。

23. **A**

【解析】 (甲) 聯結海岸的運河有：巴拿馬運河（太平洋↔大西洋）、蘇伊士運河（地中海↔紅海）及基爾運河（北海↔波羅的海）。

(乙) 巴拿馬運河：

1. 1879 年法國首先取得運河開鑿權，因工程困難而終止。

2. 1903 年美取得開鑿權，將運河兩側寬約 16 公里的地帶劃為運河區。

3. 1914 年長 82 公里的運河完工，1920 年正式向國際開放。

4. 1979 年美國交還運河區給巴拿馬，1999 年 12 月 31 日運河航運主權轉交巴國政府。

第 24-25 題為題組

24. **B**

【解析】 ⑴ 秘魯沿岸：因秘魯涼流和馬緯度無風帶（副熱帶高
壓）影響，氣候乾燥。

⑵ 聖嬰現象發生：秘魯涼流的湧升流消失，沿岸水溫
升高，降雨機會增加，易生水災。

25. **D**

【解析】 聖嬰現象發生：秘魯涼流的湧升流消失，海底湧升養
料少，浮游生物減少，鯷魚收獲量劇減，在正常年鯷
魚產量達千萬公噸，聖嬰年漁獲不足 200 萬公噸，沿
海島嶼鳥類缺乏食物，數量銳減，鳥糞層亦減少。

第 26-28 題為題組

26. **B**

【解析】 (甲) 由文中「在國際環境與金融組織的鼓勵下……」可
判知非國際政治組織。

(戊) 世界分工：主要落實於全球化的生產分工與消費
模式。

27. **B**

【解析】 野生動植物棲地，不是僅分布於單一國境內，為保護
非洲尚存物種，必要保護其棲地與生態的完整性，故
成立跨國界的保護公園。

28. **A**

【解析】 國際合作中較貧窮國家自然環境與土地依賴較深，不
易為理想而放棄土地，成立保護公園。若再涉及利益
分配問題，國際合作更形困難。

<u>第 29-30 題為題組</u>

29. **D**

【解析】⑴ 馬來西亞：昔以天然橡膠出口為其外匯來源。

⑵ 印尼：昔以石油和天然氣為經濟支柱賺取外匯，現有減產趨勢。

30. **C**

【解析】⑴ 油棕屬熱帶栽培業，須大量勞力。

⑵ 印尼：赤道通過，屬熱帶雨林氣候，有適宜油棕生長的自然環境，人口 2 億以上，勞力充足，工資低廉。

<u>第 31-33 題為題組</u>

31. **B**

【解析】由統計圖的橫軸（農戶數累加百分率）可判知約有 80%的農戶，其農場規模介於 1～100 公頃之間。

32. **C**

【解析】⑴ 由統計圖橫軸（農戶數累加百分率）判知農場規模 1000 公頃以上大農戶數為 1%。

⑵ 由統計圖縱軸（農地面積累加百分率）判知，農地面積累加至 1000 公頃，其累加值約為 56%，故 1000 公頃以上的農地面積百分率為 100%－56%＝44%。

33. **D**

【解析】 巴西土地分配不均對農業影響：

(甲) 大農場土地利用率低──因勞力不足。

(丁) 土地集中少數地主──造成貧富不均。

(戊) 土地租佃關係──農民耕作賺取微薄工資，使農民缺乏農地改良意願。

第 34-35 題爲題組

34. **B**

【解析】 (乙) 歐盟體系內各國文化自主，例如法國仍堅持使用法語。

(丁) 歐盟各國教育政策自主。

(戊) 歐盟地區使用歐元，但英鎊目前仍與歐元並用。

35. **C**

【解析】 (甲) 匈牙利、波蘭的農業早已脫離共產體制集體大農場耕作方式。

(丙) 歐盟各國間雖免稅，但農民須面對自由市場競爭及市場價格急劇變化。

(戊) 小農面臨自由市場競爭及各種嚴峻考驗而非失業。

第 36-38 題爲題組

36. **A**

【解析】 由題意知甲資訊工業公司的重要客戶在美國，且甲公司與美國最大客戶具有分工關係，顯示該最大客戶的營總部負責研發，甲公司接受訂單後，交由設在中國深圳的生產基地生產。

37. **D**

【解析】 甲公司的加州小廠毗鄰美國最大客戶營運總部是為支援：

⑴ 階段 I：研發完成後，先小量生產、產品測試修正，並就近了解市場反應。

⑵ 階段 III：產品大量生產後接近生命週期尾聲時，可就近維修。

38. **C**

【解析】 資訊產品生命週期短，須以電傳視訊連結加州廠與深圳廠的研發人員接力研發修正，藉以節省時間成本。

## 第貳部分：非選擇題

一、1. 自來水。　　　　　　2. 年雨量變率大。

3. 傳統社會。　　　　　　4. 人道救援。

二、1. ⑴ 冬季季風強勁。　　　⑵ 地形平坦。

2. 發電量的季節分布不均。

3. 台灣夏季需求電量大，但供電量少。

三、1. 機場跑道。　　　　　　2. 礁湖。

3. 環礁。　　　　　　　　4. 海平面升降。

# 九十四學年度指定科目考試（地理）

# 大考中心公佈答案

| 題　號 | 答　　案 | 題　號 | 答　　案 |
|:---:|:---:|:---:|:---:|
| 1 | C | 21 | D |
| 2 | A | 22 | C |
| 3 | B | 23 | A |
| 4 | D | 24 | B |
| 5 | A | 25 | D |
| 6 | C | 26 | B |
| 7 | A | 27 | B |
| 8 | D | 28 | A |
| 9 | B 或 D | 29 | D |
| 10 | A | 30 | C |
| 11 | A | 31 | B |
| 12 | D | 32 | C |
| 13 | A | 33 | D |
| 14 | A | 34 | B |
| 15 | B | 35 | C |
| 16 | C | 36 | A |
| 17 | D | 37 | D |
| 18 | C | 38 | C |
| 19 | D | | |
| 20 | B | | |

# 九十四學年度指定科目考試
# 各科成績標準一覽表

| 科　目 | 頂　標 | 前　標 | 均　標 | 後　標 | 底　標 |
|---|---|---|---|---|---|
| 國　文 | 60 | 53 | 44 | 34 | 27 |
| 英　文 | 69 | 55 | 34 | 16 | 8 |
| 數學甲 | 59 | 47 | 32 | 19 | 11 |
| 數學乙 | 61 | 46 | 25 | 10 | 4 |
| 化　學 | 76 | 59 | 34 | 15 | 8 |
| 物　理 | 57 | 41 | 23 | 12 | 6 |
| 生　物 | 71 | 59 | 44 | 31 | 22 |
| 歷　史 | 56 | 48 | 35 | 22 | 13 |
| 地　理 | 55 | 47 | 36 | 25 | 18 |

※ 以上五項標準係依各該科全體到考考生成績計算，且均取整數（小數只捨不入），各標準計算方式如下：

頂標：成績位於第 88 百分位數之考生成績。

前標：成績位於第 75 百分位數之考生成績。

均標：成績位於第 50 百分位數之考生成績。

後標：成績位於第 25 百分位數之考生成績。

底標：成績位於第 12 百分位數之考生成績。

# 九十三年大學入學指定科目考試試題
# 地理考科

**壹、選擇題：**（76％）

說明：共 38 題題組題，每題皆為單選；請選出一個最適當的選項，標
　　　示在答案卡之「選擇題答案區」。每題答對得 2 分，答錯倒扣
　　　2/3 分，<u>倒扣到本大題之實得分數為零為止</u>。未答者，不給分亦
　　　不扣分。

<u>第 1-3 題為題組</u>

　　東南亞國協（東協）擁有十一個會員國，為亞太經濟板塊重要的
　　一部份。請問：

1. 東協最早的五個會員國 ── 泰國、馬來西亞、菲律賓、印尼和新加
　坡之共同特徵為何？
　(A) 均曾為西方國家的殖民地
　(B) 族群宗教文化複雜多元的國家
　(C) 農、礦產資源豐富的國家
　(D) 都市體系均呈首要型都市型態

2. 東協內部達成合作共識的最主要原因為何？
　甲、宗教文化複雜，企求透過合作，促使區域穩定
　乙、農礦產互補性高，會員國間之貿易可共創利潤
　丙、藉著政治上之結盟，逐步向西方資本陣營靠攏
　丁、藉由區域整合，以因應新的全球經濟秩序發展
　(A) 甲乙　　　(B) 乙丙　　　(C) 丙丁　　　(D) 甲丁

3. 東協的國家在今日亞太經濟板塊所扮演的最主要角色為何？
   (A) 與技術先進的日本有競爭的功能
   (B) 與勞力眾多的中國有互補的可能
   (C) 是亞洲地區產品的最主要市場所在
   (D) 是重要農礦與勞力資源之所在

第 4-5 題為題組

澳洲與紐西蘭在地理環境和開發史上有許多共同點，但也有些相異之處。請問：

4. 有關兩地的相同之處，下列何者<u>不正確</u>？
   (A) 早期曾為大英帝國的殖民地
   (B) 人口大多集中在沿海的都市地區
   (C) 毛利人是人數最多的原住民
   (D) 畜牧產品的外銷是重要的經濟來源

5. 有關兩地的相異之處，下列何者<u>不正確</u>？
   (A) 澳洲內陸擁有廣大低平的沙漠，紐西蘭內陸則崎嶇多山
   (B) 澳洲南部有溫帶地中海型氣候，紐西蘭南部則有溫帶海洋性氣候
   (C) 澳洲東岸人口多於西岸，紐西蘭則是北島人口多於南島
   (D) 澳洲目前的經貿對象以歐盟為主，紐西蘭則以亞太地區國家為主

第 6-7 題為題組

2004年5月1日起，歐盟由原來的15個會員國，擴大成25個會員國。請問：

6. 在新加入的10國中，哪些國家原爲華沙公約組織的會員國？
   (A) 波蘭、立陶宛、匈牙利　　(B) 匈牙利、捷克、波蘭
   (C) 捷克、波蘭、立陶宛　　　(D) 拉脫維亞、匈牙利、捷克

7. 在新加入的10國中，哪些國家在歷史上從未建國，直至1990年後才獨立成國？
   (A) 賽浦路斯、馬爾它　　　(B) 馬爾它、斯洛維尼亞
   (C) 斯洛維尼亞、斯洛伐克　(D) 斯洛伐克、賽浦路斯

## 第 8-9 題爲題組

冰島素有「冰與火的世界」之稱，自然環境惡劣，但能源豐富，得以發展溫室農業以及多元化的工業，使得該國成爲生活品質名列全球前20名之內的國家。請問：

8. 冰島都市近郊處處可見的溫室，其能源爲何？
   (A) 地熱　　　(B) 水力　　　(C) 沼氣　　　(D) 天然氣

9. 水力爲重要的能源之一，使得冰島全年有雨、降水量高的最主要因素爲何？
   (A) 冷暖流交會處　　　　(B) 位於極圈氣旋帶
   (C) 輻射強烈多對流雨　　(D) 山高谷低多地形雨

## 第 10-11 題爲題組

一生態學家在非洲某村落進行生態調查，他由水源所在地的抽水井出發，向外沿同一方向前進。發現植被從水井往外呈同心圓式的分布：水井附近土地是光禿和堅硬的，到距井200公尺左右，出現稀疏且乾硬的雜草，250公尺左右是帶刺的灌木叢，以外到1公里左右，才是一些相隔甚遠的草本植物群及灌木。請問：

10. 上述調查區的植物分布型態，最可能是下列哪種人類活動所引起的？
    (A) 過牧　　　　(B) 濫墾　　　　(C) 濫伐　　　　(D) 濫採

11. 上述植被景觀最可能出現在下列非洲的哪個地區？
    (A) 尼羅河中游　　　　　　　(B) 尚比西河中游
    (C) 剛果河中游　　　　　　　(D) 尼日河中游

## 第 12-13 題為題組

　　1960年代以來，墨西哥北部邊境工業區吸引了數千家外商投資，創造了近百萬的工作機會。墨國對外商提供基礎設施及稅務等優惠，並允許免稅出口。此合作模式吸引大量人口移入，卻突顯出邊境都市設施匱乏，環境問題與流行疾病接踵而來。請問：

12. 促成美墨邊界區成為重要工業所在地的最重要原因為何？
    (A) 勞力資源豐富　　　　　　(B) 原料資源豐富
    (C) 電力價格低廉　　　　　　(D) 接近國際市場

13. 美墨邊界區傳染性疾病流行的最主要原因為何？
    甲、人口密度是墨國最高之處　乙、高溫多雨潮濕的氣候所致
    丙、人與人接觸頻繁密集所致　丁、人民醫療知識與設備不足
    戊、都市水源與水質的品質低落
    (A) 甲乙丁　　(B) 甲丙戊　　(C) 乙丙丁　　(D) 丙丁戊

## 第 14-15 題為題組

　　過去中南美洲國家受殖民帝國影響，如今則在跨國企業與國際貿易的不平等交換下，使得貧窮與貧富不均成為普遍的現象，大量人口由鄉村移入都市。請問：

14. 跨國企業對拉丁美洲國家的產業結構造成下列哪些影響？
　　甲、農業以單一或少數農作爲主
　　乙、農業產品以外銷先進國家爲主
　　丙、農礦產資源的開採以內需爲主
　　丁、農礦產的初級加工是主要的製造業
　　戊、產業呈一級與三級爲主的發展
　　(A) 甲乙丙　　(B) 甲乙丁　　(C) 乙丁戊　　(D) 丙丁戊

15. 拉丁美洲國家內部區域發展不均的最重要原因爲何？
　　甲、貧民窟結集於都市中心及外圍
　　乙、外資投資集中於首要型都市
　　丙、土地所有權集中於少數地主
　　丁、首要型都市與都市環境惡化
　　戊、交通條件與資源分布不均
　　(A) 甲乙戊　　(B) 乙丙丁　　(C) 乙丙戊　　(D) 甲丁戊

第 16-17 題爲題組

　　以下爲二則有關近年來中國東北農業變遷的報導：
　　資料一：東北曾是世界著名的商品大豆產區。1949年後轉以內
　　　　　　銷爲主，是中國主要食用油的來源。自加入WTO後，
　　　　　　2001年江蘇省某榨油廠即進口美國大豆1396 萬噸，約
　　　　　　相當於中國一年的大豆產量，同年東北大豆卻有七成積
　　　　　　壓在農村。
　　資料二：黑（龍江）省某食品公司推出無污染的小包裝小米，銷
　　　　　　售遍及全省各超市；黑省稻米適合日、韓人口味，故水
　　　　　　稻種植面積增加；黑省北安市有農民給人家端盤子，後
　　　　　　來端出自己的酒店；有農民上船當漁工，沒幾年當了幾
　　　　　　條漁船的老板；有人憑一把剪刀剪出自己的製衣廠，....。
　　請問：

16. 表1為東北和美國進口大豆的部分產銷成本調查。依據表中所列的成本數據，上述榨油廠若要生產3400公斤食用油，使用美國大豆會比東北大豆節省多少成本？

表1

|  | 東北大豆 | 美國大豆 |
|---|---|---|
| 生產成本（元/每公斤） | 1.6 | 0.8 |
| 運輸（元/每公斤） | 0.045 | 0.04 |
| 出油率（％） | 17 | 20 |
| 加工成本（元/每公噸） | 10＋X | X |

註：X為美國大豆每公噸的加工成本

(A)（18820＋3X）元      (B)（13855＋3X）元

(C)（20300＋3X）元      (D)（25500＋3X）元

17. 由上述資料判斷，下列何者**不**是東北農業轉變的趨勢？

(A) 發展生態農業      (B) 發展適應市場產品

(C) 農業就業人口數增加      (D) 擴大生產規模

第 18-20 題為題組

甘肅省古浪縣黃羊川鄉海拔3500公尺，年雨量約300mm，為中國最貧困的農鄉之一。已故溫世仁先生創辦的某科技公司捐贈電腦給該鄉的黃羊川職業中學，透過網際網路師生接觸到各種外界資訊及教學資源，學生還設計了網頁，登載農民委託出售的農特產品，為當地帶來新的財源。請問：

18. 中國西部偏遠農村過去在農業產銷上所面臨的最主要困難應是下列哪些？

甲、勞動力不足      乙、市場資訊封閉

丙、交通不便      丁、耕地不足

(A) 甲乙      (B) 乙丙      (C) 丙丁      (D) 丁甲

19. 透過網路訂購並以郵政或貨運公司交貨的運銷方式，被認為有助於中國西部偏遠農村的發展，是因為它具有下列哪些優點？

甲、農民可專業化大量生產農特產品

乙、農民可協調運作成為系統化的生產隊伍

丙、農民可少量多樣化生產農特產品

丁、農民可直接面對無地域障礙的廣大市場

(A) 甲乙　　　(B) 乙丙　　　(C) 丙丁　　　(D) 丁甲

20. 以學校作為地方電子商務中心來行銷農特產品，被稱之為「以校領鄉」，其原因為何？

(A) 學校的空間面積較大　　(B) 學校為農村人才所在地

(C) 學校的交通位置適中　　(D) 學校師生薪資較為便宜

第 21-22 題為題組

已開發國家和開發中國家的都市化和都市人口成長階段不同。圖1是2000年世界前六大都市（甲－己），其1950、1970、2000和2015（推估）的人口柱狀圖。請問：

21. 哪個圖形是紐約的人口成長情形？

(A) 戊　　　(B) 丁

(C) 丙　　　(D) 甲

22. 哪個圖形是拉哥斯（位於奈及利亞）的人口成長情形？

(A) 乙　　　(B) 丁

(C) 戊　　　(D) 己

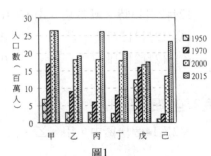

圖1

第 23-24 題為題組

　　鹹蛋超人住在24ºS 59ºW，有一天他想要拜訪住在地球另一端的麵包超人，並決定「遁地」前去。於是他從家中鑽入地底，始終保持直線前進並穿越地心。請問：

23. 當他鑽出地球另一端時，最可能看到下列何種景觀？

(A)　　　　　　　　　　　　　　(B)

(C)　　　　　　　　　　　　　　(D)

24. 鹹蛋超人共花費3小時才穿透到地球的另一端，到達的時間為當地12月2日13時。鹹蛋超人由家中出發的當地時間為何？
　　(A) 12月2日7時　　　　　　(B) 12月1日19時
　　(C) 12月2日1時　　　　　　(D) 12月1日22時

第 25-26 題為題組

　　表2為14個樣區中，甲、乙、丙三個變數的觀察值。請問：

25. 變數甲和變數丙間的相關係數(r)
　　值為何？
　　(A) －0.74　　(B) －0.12
　　(C) 0.12　　　(D) 0.74

26. 甲、乙和丙三個變數依序最可能分
　　別為何？
　　(A) 測站污染濃度、測站與汙染源
　　　　距離、測站風速
　　(B) 自殺案件數、失業率、癌症
　　　　死亡率
　　(C) 海拔高度、溪流坡度、魚的種類數
　　(D) 降雨量、日照、氣溫

表2

| 樣區 | 甲 | 乙 | 丙 |
|------|------|------|------|
| 1 | 200 | 0.9 | 11 |
| 2 | 280 | 1.1 | 12 |
| 3 | 290 | 1.9 | 10 |
| 4 | 310 | 1.9 | 11 |
| 5 | 340 | 2.6 | 3 |
| 6 | 560 | 2.7 | 11 |
| 7 | 570 | 3.2 | 5 |
| 8 | 590 | 3.8 | 4 |
| 9 | 630 | 2.8 | 3 |
| 10 | 690 | 2.4 | 3 |
| 11 | 820 | 9.5 | 4 |
| 12 | 840 | 9 | 1 |
| 13 | 890 | 4.4 | 5 |
| 14 | 950 | 11.2 | 2 |

第 27-28 題為題組

　　GIS 疊圖分析時，布林運算元（含AND, OR, NOT, XOR四種運算）
被利用來篩選符合條件的資料。圖2為布林運算元的示意圖，A、B
二圓代表兩種資料，經布林運算後，灰色區域為符合條件的資料，
白色區域為不符合條件的資料。若某地區有林地、保育地、坡地
和建築用地四種土地利用類型。請問：

27. 下列敘述何者符合「XOR」的關係？
　　(A) 坡地的建築用地，但非林地
　　(B) 林地或非坡地的保育地
　　(C) 林地或坡地，但非坡地的林地
　　(D) 林地的非保育地

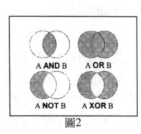

圖2

28. 某公司要興建一個觀光飯店，用地的條件爲「林地中的非保育地，且爲非坡地的建築用地」，要滿足這些條件需使用那兩個布林運算元？
    (A) AND、NOT
    (B) AND、OR
    (C) OR、NOT
    (D) OR、XOR

第 29-30 題爲題組

　　海平面變化是一項「全球環境變遷」的重大議題。請問：

29. 造成全球海平面上升的主要原因，<u>不</u>包括下列哪項？
    (A) 海水因增溫而體積膨脹
    (B) 南北極冰帽及高山冰川消融
    (C) 北極海附近海面浮冰消融
    (D) 陸地水域、植被和土壤水減少

30. 當全球的海平面顯著上升時，對臺灣會造成下列哪項最直接的環境衝擊？
    (A) 黑面琵鷺現有棲地面積縮減
    (B) 附近海域珊瑚礁種類增加
    (C) 南部沿海地區地層下陷量增加
    (D) 各河川泥沙搬運量增加

第 31-33 題爲題組

　　圖3爲某流域管理單位由長年水文資料（1875-1975）所推算的洪水頻率曲線。但如以較近年代（1945-1975）的水文資料推算，則洪水頻率有提高的現象。請問：

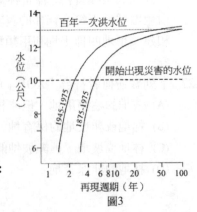

圖3

31. 原百年一次的洪水位，在1945-1975 年的洪水頻率曲線上其再現週期約為多少年？
    (A) 70年　　　(B) 50年　　　(C) 20年　　　(D) 10年

32. 開始出現災害的水位，在1945-1975 年的洪水頻率曲線上，其再現週期較1875-1975 年的洪水頻率曲線約縮短了多少年？
    (A) 1年　　　(B) 3年　　　(C) 5年　　　(D) 7年

33. 如該流域的降雨量及降雨特性沒有變化，則近年洪水頻率提高的最可能原因為何？
    甲、河道疏濬　　　　乙、旱田還牧　　　　丙、水田轉作
    丁、林地轉牧　　　　戊、都市化　　　　　己、地下水禁用
    (A) 甲乙丙　　(B) 乙丙己　　(C) 丙丁戊　　(D) 甲戊己

第 34-35 題為題組

　　為達成永續發展目標，臺灣許多自然風景區僅以門票為主要收入來源。請問：

34. 有一面積為1500公頃的風景區擬全年開放，經營上需符合下列兩個條件：每日平均每公頃遊客不應超過2人，以及年營業收入最少應超過年維護成本1億5千萬元的 20 %。表3為此風景區預估門票定價與遊客人數關係表，若門票為唯一的收入來源，則經營者應選擇的門票定價是表3中的哪個方案？
    (A) 甲
    (B) 乙
    (C) 丙
    (D) 丁

表3

| 定價方案 | 門票價格（元） | 遊客人數（萬人次/年） |
|---|---|---|
| 甲 | 100 | 300 |
| 乙 | 150 | 200 |
| 丙 | 200 | 100 |
| 丁 | 250 | 50 |

35. 風景區如冬山河親水公園、野柳風景區等亦無規劃付費遊樂設施，其最可能的考量為何？
甲、地處偏僻員工不足　　　乙、遊憩活動過多環境污染增加
丙、收入不敷建設成本　　　丁、降低地景觀賞價值
戊、人工設施易破壞生態環境
(A) 甲乙丙　　(B) 甲丙戊　　(C) 乙丙丁　　(D) 乙丁戊

### 第 36-38 題為題組

以下是某國中學生在臺灣某個聚落進行地理實察時，對耆老訪談的部分記錄：

甲：小雜貨舖當時兼修漁網，它也是我們前往港邊海埔地摸蜆、抓魚的集合地點。

乙：村子外向西到海埔地的路上沿途都是鹽田、魚塭，虱目魚是我們當時常吃的主菜。

丙：沿著公路向南大約一公里，可以看到我所說的豐枯水期明顯的河川，那河邊的大榕樹下是我們小時候乘涼和吃西瓜的地方！

學生訪談後做出結論：『本聚落從過去數十年以來，地理景觀已產生許多變化』。

36. 從訪談的內容可以判斷上述題幹所指稱的河川最可能是下列哪條？
(A) 高屏溪　　(B) 曾文溪　　(C) 濁水溪　　(D) 頭前溪

37. 若要明確的標示上述訪談所論及的各個地點，以哪種地圖最適合？
(A) 1：5,000像片基本圖　　　(B) 1：10,000水文地質圖
(C) 1：50,000地形圖　　　　(D) 1：100,000行政區圖

38. 上述野外實察訪談所得的資料與研究方法分屬下列何者？

甲、歸納的研究　　　乙、演繹的研究　　　丙、第一手資料

丁、第二手資料　　　戊、計量分析研究　　己、人地關係研究

(A) 甲丁戊　　(B) 乙丙戊　　(C) 乙丁己　　(D) 甲丙己

## 貳、非選擇題：（24％）

說明：共有三大題，每大題包括 2-4 個子題。各大題應在答案卷所標
示題號之區域內作答，並標明子題號；作圖題則在答案卷之方
格作圖區作答。每一子題的配分，註明於題後。

一、圖4為一個溫帶地區的都市土地使用示意圖。請問：（8分）

1. 在靜風無雲的午夜時，觀測圖中ABCDE五個地點的地面氣溫，各
地點氣溫由高到低的排列順序為何？（2分）（順序顛倒或答案不
完整不給分）

2. 造成ABCDE 五個地點有
顯著溫差的現象為何？
（2分）

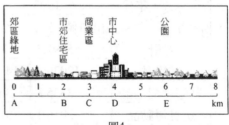

圖4

3. 哪個季節該都市上述的溫差現象會最明顯？（2分）

4. 在都市計劃中增加哪項公共設施用地的面積最能有效降低上述溫
差的強度？（2分）

二、圖5為石灰岩洞地形發育
示意圖。請問：（8分）

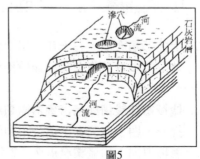

圖5

1. 石灰岩洞地形的發育，除需具有石灰岩質地層外，還需要何種氣候條件？（2分）此外，石灰岩層下方岩層之岩質應具哪種特性？（2分）

2. 石灰岩地形繼續發育，圖中的滲穴會逐漸擴大，形成寬廣平坦的盆地，在地形上稱為什麼？（2分）這種盆地在雲貴高原多為聚落及耕地所在，被當地人俗稱為什麼？（2分）

三、表4為台灣1993與2003二年部分出口產品之組成。請問：（8分）

1. 請依據表4繪製一幅柱狀圖，以呈現1993與2003年間紡織品、鞋帽傘羽毛品、與玩具運動品在台灣出口產品比重的顯著變化。(4分，請將本圖繪製於答案紙的方格作圖區內，以X-軸表示產品，Y-軸表示變量，並完整標記各類產品名、變量數字、及圖例等。)

表4　　　　　　　單位：百萬美元

| 年代<br>品名 | 1993 | | 2003 | |
|---|---|---|---|---|
| | 出口值（$） | % | 出口值（$） | % |
| 總計 | 85091.3 | 100 | 144179.5 | 100 |
| 紡織品 | 12039.4 | 14.15 | 11877.5 | 8.24 |
| 鞋帽傘羽毛品 | 3335.8 | 3.92 | 605.1 | 0.42 |
| 玩具運動品 | 2816.1 | 3.31 | 1728.9 | 1.20 |
| 基本金屬製品 | 7133.1 | 8.38 | 14330.3 | 9.94 |
| 機械電機設備 | 33474.7 | 39.34 | 75352.3 | 52.26 |
| 精密儀器 | 2165.7 | 2.55 | 7429.0 | 5.15 |

2. 上述三類產品，在十年中出口貿易比重減少，最主要是因為在全球分工中台灣喪失哪種競爭優勢？（2分）

3. 機械電機設備與精密儀器兩類產品，在十年中出口貿易比重顯著提升，顯示台灣在全球分工中的角色，主要朝哪種投入條件（或哪種導向）的產業發展？（2分）

九十三年度指定科目考試地理科試題詳解

## 壹、選擇題

1. **B**

【解析】 (1) 東協十一國：泰國、馬來西亞、菲律賓、印尼、新加坡、柬埔寨、汶萊、寮國、緬甸、越南和中國。

(2) 東協原始五國：泰、馬、菲、印尼、新。五國共同特徵是族群宗教文化複雜多元。

2. **D**

【解析】 東協各國沒有一個單一民族國家，宗教文化複雜，企求透過合作，使區域穩定，因應新的全球經濟發展，將組「亞洲自由貿易區」，成為全球最大自由貿易區。

3. **D**

【解析】 東協人口達 17 億，提供充足勞工，供應廉價工業原料和農業產品。

如：(1) 中南半島諸國的錫礦、寶石礦、木材、橡膠、椰子、蔗糖、稻米、水果等。

(2) 南洋群島的錫礦、石油、天然氣及熱帶栽培業等。

4. **C**

【解析】 (1) 澳洲原住民的來源迄今無定論。

(2) 紐西蘭原住民以毛利人為主。

5. **D**

【解析】 歐盟統合形成區域性的經濟體，使紐澳在歐洲的市場萎縮，目前經濟轉與亞太地區貿易為主。

6. **B**

【解析】

| 原歐盟15國 | 1. 西歐：荷、比、盧、法、英、愛、奧、德。<br>2. 南歐：西、葡、義、希。<br>3. 北歐：丹、瑞、芬。 | 歐盟東擴新增10國 | 1. 東歐八國：<br>⑴波蘭、匈牙利、捷克、斯洛伐克、斯洛維尼亞。<br>⑵波羅的海三小國：愛沙尼亞、拉脫維亞、立陶宛。<br>2. 地中海兩島國：塞浦路斯、馬爾他。 |
|---|---|---|---|
| | 華沙公約組織<br>（於 1991 年解散）。 | 華沙成員國 | 匈牙利、捷克、波蘭、保加利亞、羅馬尼亞、東德、阿爾巴尼亞。 |

7. **C**

【解析】 ⑴ 二次戰後，由六個共和國合組南斯拉夫聯邦，1991年聯邦各共和國獨立成：①斯洛維尼亞、②克羅埃西亞、③波士尼亞、④南斯拉夫聯邦、⑤馬其頓五國。

⑵ 捷克獨立為：①捷克、②斯洛伐克二國。

8. **A**

【解析】 冰島屬大西洋中洋脊的一部分，有壯觀的火山地形，多活火山、溫泉、地熱，故利用地熱為溫室能源。

9. **B**

【解析】 冰島位 66.5°N 之南，屬極圈氣旋帶內，此帶氣旋活動頻繁，風向多變，風力較強，天氣易變，降水量高，故水力成為冰島重要能源。

10. **A**

【解析】 抽水井出水量大，牲畜大量集中，水井附近遭牲畜啃食、踐踏或為裸露地，植被從水井往外呈同心圓式的分布，此為開鑿深井，人類過牧產生的生態失衡現象。

11. **D**

【解析】 非洲撒赫爾地區開鑿深井，使水井附近因過度使用而成裸露地，失衡的人地關係造成此種植被景觀，故選位撒赫爾地帶的尼日河中游。

12. **A**

【解析】 美商及其他外資，在墨西哥政府的鼓勵下，利用當地廉價勞工開設加工廠，以汽車組裝、電腦、各種工業零件為主。

13. **D**

【解析】 1. 美墨邊界區屬沙漠氣候，全年雨量稀少，都市水源與水質的品質低落。

2. 美墨邊界都市設施匱乏，人民醫療知識不足。

3. 工業區吸引大量人口移入，勞工接觸頻繁，流行疾病接踵而來。

14. **B**

【解析】 甲：單一農作易帶來風險：

(1)市場風險：生產過剩導致價格大跌。

(2)自然風險：單一作物易遭病蟲害而歉收。

乙：農產外銷先進國：如古巴蔗糖依賴美國。

丁：製造業：主要從事農礦產的初級加工。

15. **C**

【解析】 乙： 外資集中首要型都市，其他廣大區域發展緩慢。

丙： 土地所有權集中於少數地主，如阿根廷大地主住在都市，大牧場由高卓管理。

戊： 交通與資源分布不均，如巴西東南沿海農工發達，內陸發展落後，區域發展不均衡，故由里約遷都巴西里亞以開發內陸。

16. **A**

【解析】 1.生產 3400 公斤豆油所需大豆量：

①東北大豆出油率 17％：$3400 \div 0.17 = 20000$ 公斤。

②美國大豆出油率 20％：$3400 \div 0.2 = 17000$ 公斤。

2.美國大豆比東北大豆節省：

$[20000(1.6 + 0.045) + 20(10 + x)] - [17000(0.8 + 0.04) + 17x]$
$= (33100 + 20x) - (14280 + 17x) = (18820 + 3x)$元

17. **C**

【解析】 (A) 發展生態農業：食品公司推出無污染小包裝小米。

(B) 適應市場產品：稻米適合日、韓口味，故增加種植面積。

(C) 農業人口大量轉向工礦業，東北為全國農業人口比例最低地區。

(D) 擴大生產規模：憑一把剪刀發展成製衣廠。

18. **B**

　　【解析】中國西部農村在「產銷」上面臨：乙、市場資訊封閉和丙、交通不便問題。

19. **C**

　　【解析】農民少量多樣化特產，可透過網路直接面對無地域障礙的廣大市場。

20. **B**

　　【解析】中國西部農民文盲多，學校為農村人才所在，宜設電子商務中心行銷農特產。

21. **A**

　　【解析】美國都市已進入西方都市化三階段（初期階段、加速階段、終端階段）的第三階段（終端階段），故都市化緩慢，甚至漸趨停止。

22. **D**

　　【解析】西非奈及利亞第一大港拉哥斯瀕臨幾內亞灣，為白人初到非洲建立的根據地，因農礦出口及初步加工而繁榮，奈國獨立後成為進出門戶，人口大量集中，成為奈國首要都市。

23. **A**

　　【解析】超人由（24°S, 59°W）鑽入地底直線前進穿越地心，可由地球另一端（24°N, 121°E）鑽出，此地為台灣南投縣附近，故最可能看到竹林景觀。

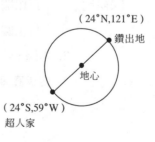

24. **D**

【解析】

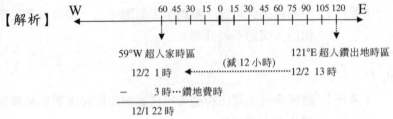

W　60 45 30 15 0 15 30 45 60 75 90 105 120　E

59°W 超人家時區　　　　　　　　　　121°E 超人鑽出地時區

　　　　　　　　　　　　（減 12 小時）

12/2 1 時 ◄----------------- 12/2 13 時

－　　3 時…鑽地費時
───────────────
12/1 22 時

25. **A**

【解析】　$Y = \sum \dfrac{(x_i - \bar{x})(y_i - \bar{y})}{(nS_x S_y)} = -0.74$

$\bar{x} = \sum \dfrac{x_i}{n}$　　　$\bar{y} = \sum \dfrac{x_i}{n}$

$S_x = \sqrt{\dfrac{\sum (x_i - \bar{x})^2}{n}}$

$S_y = \sqrt{\dfrac{\sum (y_i - \bar{y})^2}{n}}$

| | |
|---|---|
| x, y ⋯⋯► | 兩組變數 |
| $\bar{x}$, $\bar{y}$ ⋯⋯► | 兩組變數的平均值 |
| $S_x$, $S_y$ ⋯⋯► | x 組及 y 組變數的標準差 |

26. **C**

【解析】

1. ⎰ 正相關：r 值介於 0～1。
　 ⎱ 負相關：r 值介於 0～－1。

2. 本題 r ＝ －0.74，可判知變數甲與變數丙為負相關。

3. 海拔高度和溪流坡度與魚的種類數，呈現負相關。

27. **C**

【解析】

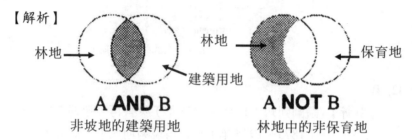

林地←　　　　→坡地

A **XOR** B

林地或坡地，但非坡地的林地。

28. **A**

【解析】

林地←　　　　→建築用地

A **AND** B
非坡地的建築用地

林地→　　　　←保育地

A **NOT** B
林地中的非保育地

29. **C**

【解析】　北極海附近海面浮冰消融量對全球海平面上升影響
甚微。

30. **A**

【解析】　黑面琵鷺棲息於河道淺水區、潮間帶的泥沼區，曾文溪
口的七股溼地為全球最大的渡冬棲息地，若海平面上
升，現有棲息地面積縮減，影響生存。

31. **B**

【解析】 請判讀附圖得之。

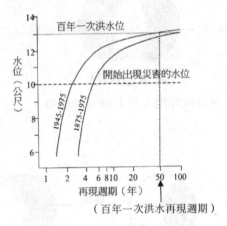

32. **B**

【解析】 讀圖判知（1945～1975 年）災害再現週期 2 年，較
（1875～1975 年）災害再現週期 5 年，約縮短了 3 年。

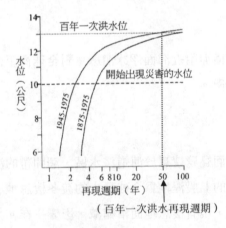

33. **C**

【解析】 1.洪水頻率減少：甲、河道疏濬，乙、旱田還牧。

2.洪水頻率提高：丙、水田轉作，丁、林地轉牧，戊、都市化

34. **C**

【解析】 經營條件：

1. 遊客人數：1500(2×365)＝109.5 萬人次/年

2. 年營業收入：150000000＋(150000000×0.2)

＝180000000 元

故經營者應選丙方案。

35. **D**

【解析】 遊樂設施易造成環境污染、破壞生態、影響地景，需謹慎考量設置。

36. **B**

【解析】 曾文溪由台南縣市交界處入海，是豐枯期明顯的「荒溪型」河川。沿海地帶利用海埔地有鹽田、魚塭，利用潟湖地形發展養殖漁業，如虱目魚等。

37. **A**

【解析】 1：5000 像片基本圖比例尺最大，地景較詳細，利於地理實察。

38. **D**

【解析】　甲、 歸納的研究：由地理實察訪談內容歸納出今昔地
景的差異，得到「本聚落從過去數十年以來，地
理景觀已產生許多變化。」的結論。

　　丙、 第一手資料：如地理實察及對耆老訪談。

　　己、 人地關係研究：如耆老在港邊海埔地摸蜆、抓魚、
吃養殖的虱目魚、在河邊榕樹下乘涼吃西瓜等。

## 貳、非選擇題

一、 1. DCBEA。　　　　　　　　2. 都市熱島效應。

　　 3. 冬季。　　　　　　　　　4. 公園綠地。

二、 1. 高溫多雨，不透水層。　 2. 窪盆，壩子。

三、 1.

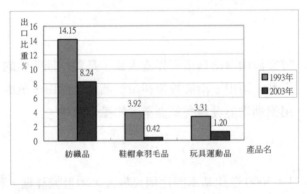

　　 2. 工資低廉。

　　 3. 技術導向。

# 九十三學年度指定科目考試（地理）

## 大考中心公佈答案

| 題　號 | 答　　案 | 題　號 | 答　　案 |
|---|---|---|---|
| 1 | B | 21 | A |
| 2 | D | 22 | D |
| 3 | D | 23 | A |
| 4 | C | 24 | D |
| 5 | D | 25 | A |
| 6 | B | 26 | C |
| 7 | C | 27 | C |
| 8 | A | 28 | A |
| 9 | B | 29 | C |
| 10 | A | 30 | A |
| 11 | D | 31 | B |
| 12 | A | 32 | B |
| 13 | D | 33 | C |
| 14 | B | 34 | C |
| 15 | C | 35 | D |
| 16 | A | 36 | B |
| 17 | C | 37 | A |
| 18 | B | 38 | D |
| 19 | C | | |
| 20 | B | | |

# 九十三學年度指定科目考試
# 各科成績標準一覽表

| 科　目 | 頂　標 | 前　標 | 均　標 | 後　標 | 底　標 |
|---|---|---|---|---|---|
| 國　文 | 73 | 67 | 58 | 47 | 39 |
| 英　文 | 58 | 44 | 27 | 15 | 9 |
| 數學甲 | 66 | 50 | 30 | 18 | 10 |
| 數學乙 | 65 | 50 | 32 | 19 | 12 |
| 化　學 | 66 | 51 | 30 | 15 | 7 |
| 物　理 | 75 | 59 | 35 | 19 | 12 |
| 生　物 | 80 | 71 | 57 | 43 | 33 |
| 歷　史 | 49 | 41 | 30 | 19 | 12 |
| 地　理 | 60 | 52 | 42 | 30 | 21 |

※ 以上五項標準係依各該科全體到考考生成績計算，且均取整數（小數只捨不入），各標準計算方式如下：

頂標：成績位於第88百分位數之考生成績。

前標：成績位於第75百分位數之考生成績。

均標：成績位於第50百分位數之考生成績。

後標：成績位於第25百分位數之考生成績。

底標：成績位於第12百分位數之考生成績。

# 九十二年大學入學指定科目考試試題
# 地理考科

**單一選擇題：**（100％）

說明：　共有 50 題，皆爲選擇題，每題皆爲單選；第 1-19 題爲單一試題，第 20-50 題爲題組題；請選出一個最適當的選項，標示在答案卡之「選擇題答案區」。每題答對得 2 分，答錯倒扣 2/3 分。整題未作答者，不給分亦不扣分。

1. 臺灣的山坡地因過度墾殖而水土流失嚴重，爲解決此一問題，政府正積極推動山坡地造林工作。如果山坡地全部退耕還林，河川最可能出現下列哪一種變化？
   (A) 豪雨時洪水水位變高　　　(B) 夏季時河水流速加快
   (C) 冬季時河水流量增多　　　(D) 暴雨時洪峰到達時間縮短

2. 中國某一種農業活動的方式是：「農民利用水渠或坎井灌溉農田，在狹小的耕地上，栽種較高大的果樹，並在其綠蔭下，種植棉花、麥類、葡萄、瓜果等，作物成層分布。」就中國的六大地區而言，該種農業活動最可能出現在哪兩個地區？
   (A) 東北、塞北　　　　　　　(B) 塞北、西部
   (C) 西部、華南　　　　　　　(D) 華北、東北

3. 美國哪一個農業帶的農業經營方式，和混合農業最爲類似？
   (A) 棉花帶　　(B) 玉米帶　　(C) 小麥帶　　(D) 放牧帶

4. 世界五大宗教均發源於西、南亞，其中哪一個宗教在其發源地目前信徒極少，居民多改信其他宗教？
   (A) 佛教　　(B) 猶太教　　(C) 印度教　　(D) 伊斯蘭教

5. 一般而言，大部分的地圖都繪有網格狀的地理網線，網格的主要功能為何？
   (A) 利於等高線的繪製　　　(B) 便於地形剖面的透視
   (C) 便於估算天然資源的豐缺　(D) 利於判別地形地物的位置

6. 智利國土受限於安地斯山脈，東西寬不超過 180 公里，但南北則長達 4200 公里，狹長的國土形狀，使其景觀豐富而多變化。下列該國各項重要景觀由南而北出現的正確順序為何？
   甲、群聚的企鵝；乙、遍野的桃、杏水果園；
   丙、荒涼單調的沙漠。
   (A) 甲乙丙　　(B) 甲丙乙　　(C) 乙甲丙　　(D) 丙甲乙

7. 圖 1 是 1990 年代某種作物的各國產量分
   配圖，這種作物應該是：
   (A) 小麥　　(B) 棉花
   (C) 甘蔗　　(D) 稻米

   圖 1

8. 「近年來，原料、能源、勞工等傳統工業區位要素的重要性已日漸減弱，市場、政策等因素對工業區位選擇的影響力愈來愈大。」導致這種轉變的最根本原因是什麼？
   (A) 生產技術革新　　　　(B) 環保意識增強
   (C) 市場規模擴大　　　　(D) 資源耗損加速

9. 某人旅遊日記上記載：「今天我參觀一處大型農場，農場內有工人宿舍、學校、天主教堂；除了宿舍附近種有一些蔬菜和水果外，農場內最主要的作物是咖啡。」該種農場景觀在下列哪一個地區最為常見？
   (A) 德干高原　　(B) 中南半島　　(C) 巴西高原　　(D) 伊比利半島

10. 王先生最近移民澳洲雪梨，想買一間面向正北方的二層樓房。為了在房子後方的空地找出<u>全年陽光都照不到</u>的地方，以便規劃植栽的內容，王先生應該選擇在下列哪一個月份某日的中午時刻去參觀？

(A) 三月      (B) 六月      (C) 九月      (D) 十二月

11. 圖 2 為上海沿岸某個月份的海水鹽度分布圖，從圖中可看出海水等鹽度線有從海岸線向外凸出的現象。一般而言，等鹽度線外凸的情況，在下列哪一個月份最為顯著？

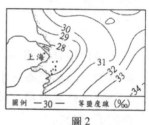

圖 2

(A) 一月      (B) 四月
(C) 七月      (D) 十月

12. 丹麥是中、西歐和斯堪地半島間往來的陸橋，也是控制哪二個海域間通航的門戶，而素有「北歐十字路口國」之稱？

(A) 黑海、波羅的海      (B) 地中海、大西洋
(C) 波羅的海、北海      (D) 北海、北極海

13. 社會科學的研究者常透過歷史地圖獲得過去的資訊。在清代臺灣的歷史地圖中，哪一項資料的正確性最高？

(A) 山地的高度      (B) 河川的長度
(C) 行政區的面積      (D) 聚落的相對方位

14. 珊瑚礁島國土瓦魯，位於大洋洲，該國領導人在一份聲明中說，他們對抗環境變遷的努力已告失敗，將放棄自己的家園，舉國移民紐西蘭。該聲明中所謂之「環境變遷」最可能是下列何者？

(A) 海平面上升      (B) 火山爆發
(C) 酸雨侵蝕      (D) 臭氧層破洞

15. 以下是 1994 年有關印度半島降雨情形的兩則新聞報導：
    甲、「新德里連續三週每日高達 45℃ 的熱浪，終於告一段落，昨
    日的傾盆大雨使首都的氣溫明顯降低……。」
    乙、「季風帶來好幾波的暴雨，橫掃印度和巴基斯坦，已經奪走
    近 600 人的生命……。」
    甲、乙兩則新聞報導依序最可能發生在哪兩個月份？
    (A) 三月、四月　　　　　　(B) 六月、七月
    (C) 九月、十月　　　　　　(D) 十二月、一月

16. 圖 3 是阿根廷北部不同農業
    類型的分布示意圖。下列哪
    一個概念最適宜用來解釋該
    地的農業分布？
    (A) 區位租　　(B) 空間擴散
    (C) 乘數效應　(D) 連鎖型分工

圖 3

17. 圖 4 是四種海陸等溫線分布的
    示意圖，其中哪一幅圖最能展
    現北半球一月份等溫線分布的
    特性？
    (A) 甲　　　　　　(B) 乙
    (C) 丙　　　　　　(D) 丁

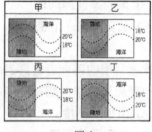

圖 4

18. 圖 5 是北半球四座山的示
    意圖，圖中分別標明山腳
    處不同月份的月均溫。平
    均而言，地勢每升高 100
    公尺，氣溫降低 0.6 ℃。

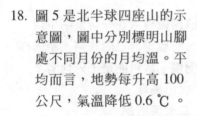
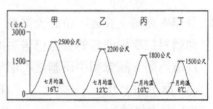

圖 5

請問哪一座山的山頂，最可能出現終年積雪的現象？

(A) 甲　　　　(B) 乙　　　　(C) 丙　　　　(D) 丁

19. 表1是臺灣四大區域平均每戶全年收入指數的變遷資料。下列哪一個概念最適合用來解釋北部區域平均每戶全年收入指數增加，而中、南和東部三區域平均每戶全年收入指數減少的發展趨勢？

(A) 商閾　　　(B) 鄰近效果　　　(C) 乘數效應　　　(D) 反吸與退化

表1、臺灣四大區域平均每戶全年收入指數的變遷

| 年代 | 北部區域 | 中部區域 | 南部區域 | 東部區域 |
|---|---|---|---|---|
| 民國75年 | 113 | 92 | 89 | 81 |
| 民國85年 | 114 | 89 | 89 | 80 |
| 民國90年 | 115 | 90 | 86 | 80 |

註：臺灣平均每戶全年收入指數 = 100

第 20-22 題為題組

「臺灣島平均每年約發生 2200 次地震。其中有感地震二百餘次，災害性地震可能有一次。輕微的地震，會使山坡地的土石變得鬆散而容易崩塌，以致豪雨時容易造成土石流。強烈的地震，則容易在山區引發山崩與落石，人民的生命財產遭受到嚴重損失。」請問：

20. 臺灣多地震的原因，和臺灣島的哪一項位置特性關係最密切？

(A) 北回歸線的通過位置　　　(B) 海洋與大陸的交會位置

(C) 東北季風和西南季風的交替位置

(D) 菲律賓海板塊和歐亞大陸板塊的接觸位置

21. 地震震央發生在下列哪一個縣的可能性最低？

(A) 花蓮　　　(B) 苗栗　　　(C) 澎湖　　　(D) 臺南

22. 臺灣下列哪一個地區的地形發育，和土石流的關係最密切？

(A) 高雄縣大岡山　　　　　　(B) 屏東縣恆春西台地

(C) 臺中縣清水海岸平原　　　(D) 花蓮縣木瓜溪沖積扇

## 第 23-25 題爲題組

下文是對中國東南半部某一地區的描述：「該地區山多田少，陸上交通不便。海岸線綿長曲折，天然港灣衆多，島嶼星羅棋佈。許多沿海居民自古即以海爲田，有的捕魚曬鹽，有的發展貿易，有的甚至遷移海外；內陸居民則種植茶、蔗和水果等經濟作物，供應沿海貿易所需。」請問：

23. 引文描述的地區最可能是下列何地？
    (A) 海南島　　　(B) 東南丘陵　(C) 江南丘陵　　(D) 山東丘陵

24. 引文描述的地區，沿海居民自古即向海外發展貿易，除該地的海岸特性外，還和下列哪一因素有關？
    (A) 河川短促　　(B) 季風交替　(C) 族群複雜　　(D) 宗教多元

25. 引文描述的地區，沿海有大批居民遷移海外。下列哪一個概念最適宜用來解釋這種遷移活動？
    (A) 負載力　　　(B) 生態平衡　(C) 核心邊陲　　(D) 擴散與模仿

## 第 26-28 題爲題組

某一國家 60% 的國土是山地，地勢高聳，U 形谷發達。該國政治上採聯邦體制，有四種官方語言。鐘錶、儀器等精緻工業和金融業發達，旅遊業興盛，是世界最富有的國家之一。請問：

26. 上文所述的國家，最可能是下列哪一國？
    (A) 日本　　　　(B) 挪威　　　(C) 瑞士　　　　(D) 紐西蘭

27. 該國山地多 U 形谷，是什麼作用力造成的？
    (A) 斷層作用　　(B) 褶曲作用　(C) 溶蝕作用　　(D) 冰河作用

28. 該國發展工業時，國內最可能提供的能源爲何？
    (A) 煤　　　　　(B) 石油　　　(C) 水力　　　　(D) 天然氣

## 第 29-31 題爲題組

十九世紀時，東非和東南亞大部分地區曾經是西歐列強的殖民地。東非的（　甲國　）位於英國殖民地和（　乙國　）殖民地的緩衝帶，東南亞的（　丙國　）位於英國殖民地和（　丁國　）殖民地的緩衝帶，甲丙兩國因而得以維持獨立。目前甲丙兩國的農產品外銷，分別以（　戊　）和（　己　）二種現金作物爲主。請問：

29. 空格（　甲國　）和（　丙國　）是指哪二個國家？
    (A) 肯亞、泰國　　　　　　　(B) 肯亞、印尼
    (C) 衣索比亞、泰國　　　　　(D) 坦尙尼亞、馬來西亞

30. 空格（　乙國　）和（　丁國　）是指哪二個國家？
    (A) 德國、法國　　　　　　　(B) 法國、荷蘭
    (C) 德國、西班牙　　　　　　(D) 荷蘭、葡萄牙

31. 空格（　戊　）和（　己　）是指哪二種作物？
    (A) 香蕉、咖啡　　　　　　　(B) 咖啡、橡膠
    (C) 棉花、橡膠　　　　　　　(D) 棉花、香蕉

## 第 32-34 題爲題組

2002 年 11 月 16 日，「嚴重急性呼吸道症候群」（SARS）首次在中國的佛山出現，不久即傳染到臺灣和世界各地。2003 年 4 月 22 日，臺北市立和平醫院爆發院內集體感染，SARS 疫情迅即全臺延燒，至 5 月 24 日止，全臺共有 2113 個疑似 SARS 通報病例，其分布如圖 6 所示。請問：

圖6

32. SARS 首次出現在中國的哪一個地理區？

   (A) 海河平原　　　　　　　(B) 長江三角洲

   (C) 成都平原　　　　　　　(D) 珠江三角洲

33. 臺灣疑似 SARS 通報病例的分布，和下列何者的關係最密切？

   (A) 人口密度　　　　　　　(B) 地形起伏

   (C) 族群組成　　　　　　　(D) 雨量多寡

34. 下列哪一套理論概念最適合用來研究疑似 SARS 通報病例分布的時間變化？

   (A) 邱念圈　　　　　　　　(B) 空間擴散

   (C) 中地體系　　　　　　　(D) 韋伯理論

第 35-36 題為題組

   表 2 是美國四個城市 40 年降雨量的年平均數、標準差和變異係數。請問：

表2、美國四個城市40年降雨量統計資料

| 城市 | 平均數 (mm) | 標準數 (mm) | 變異係數 (%) |
|---|---|---|---|
| 甲 | 1300.9 | 150.9 | 11.6 |
| 乙 | 903.2 | 188.1 | 20.8 |
| 丙 | 701.8 | 190.5 | 27.1 |
| 丁 | 244.3 | 112.3 | 46.0 |

註：變異係數＝（標準差/平均數）×100%

35. 丁城最可能位在美國的哪一州？

   (A) 東北部的紐約州　　　　(B) 東南部的佛羅里達州

   (C) 西北部的華盛頓州　　　(D) 西南部的加州

36. 解讀表 2 中的資料，可獲得下列哪一項結論？
    (A) 根據平均數，可知丙城的降雨強度最大
    (B) 根據標準差，可知丁城的年降雨量最少
    (C) 根據標準差，可知乙城的降雨量季節變化最大
    (D) 根據變異係數，可知甲城的年降雨量變化最小

第 37-38 題為題組

圖 7 是臺灣三級產業就業人
口比例的變化圖，圖中甲、
乙、丙代表各級產業就業人
口比例的變化曲線。請問：

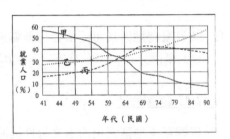

圖 7

37. 這種變化過程稱為什麼？
    (A) 部門轉移　　　　　　　(B) 所得彈性
    (C) 區域分化　　　　　　　(D) 機能分類

38. 根據羅斯托（W. W. Rostow）的經濟發展階段模式，臺灣自民國
    79 年以後，已進入哪一個發展階段？
    (A) 起飛前期　　　　　　　(B) 起飛期
    (C) 成熟期　　　　　　　　(D) 大量消費期

第 39-41 題為題組

圖 8 為亞洲東部某日的天氣圖，
請根據此圖回答下列問題：

圖 8

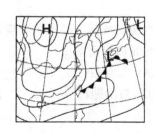

39. 該天氣圖最常出現在下列哪一個月份？
    (A) 一月　　　(B) 四月　　　(C) 七月　　　(D) 十月

40. 該日臺灣北部區域，最可能出現下列哪三種風向的風？
    甲、北風；乙、東北風；丙、東南風；丁、南風；
    戊、西南風；己、西北風。
    (A) 甲乙己　　(B) 乙丙丁　　(C) 乙戊己　　(D) 丙丁戊

41. 該日臺灣地區最可能遭受何種氣象災害？
    (A) 豪雨　　　(B) 寒害　　　(C) 焚風　　　(D) 龍捲風

第 42-43 題為題組

　　根據華南地區河川的水文特性推測，若在該地區某河川興建水庫，則水庫下游水文測站觀測的水位變化曲線，會產生顯著差異。圖 9 中的兩條曲線分別表示該水文測站在水庫完成前後的水位變化。請問：

42. 水庫完成後，該水文測站
    測得的最高水位，發生在
    什麼時間？
    (A) 3-4 月
    (B) 5-6 月
    (C) 7-8 月
    (D) 9-10 月

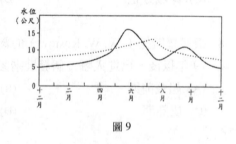

圖 9

43. 水庫完成前，該河川出現最高水位的時間，和下列哪一自然現象
    的關係最密切？
    (A) 冬雪融化　　　　　　　　(B) 春雨霏霏
    (C) 梅雨連綿　　　　　　　　(D) 颱風豪雨

## 第 44-45 題為題組

根據土壤中粘土、坋砂、砂的
比例，將某區的土壤分為子～
亥十二種類型（圖10）。
請問：

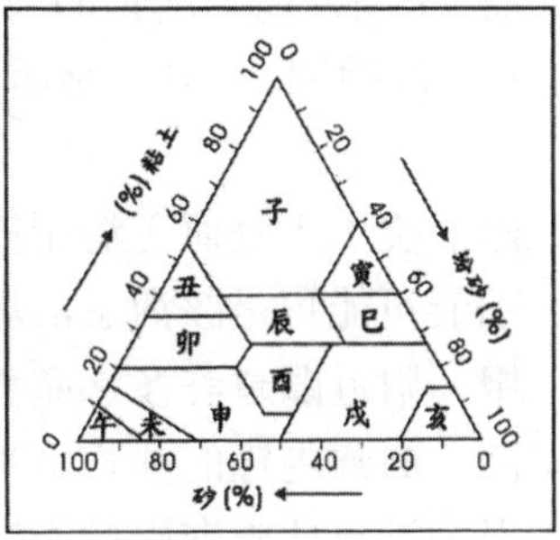

圖 10

44. 某塊田地的土壤，粘土、坋砂、
    砂的比例分別為 10%、20%、
    70%，該土壤應該屬於哪一種類型？
    (A) 子        (B) 申        (C) 辰        (D) 戌

45. 下列土壤類型中，哪一種的排水性最差？
    (A) 子        (B) 辰        (C) 午        (D) 亥

## 第 46-48 題為題組

臺灣某段灣岬互現的海岸，
最近面臨兩大問題：一是當
地一處知名的海水浴場，近
年因附近興建了突出（垂直）
海岸線的工程設施，以及其
他原因的影響，導致沙灘顯
著縮減。二是當地的水產養
殖戶，承租類似圖11照片

圖 11

箭頭所指的海岸地形闢建養殖池，養殖九孔、鮑魚等；他們要求
在承租的範圍內擴建新的養殖池。請問：

46. 這段灣岬互現的海岸是指臺灣哪一處海岸？
    (A) 東南部        (B) 西南部        (C) 東北部        (D) 西北部

47. 圖 11 照片箭頭所指的海岸地形是：
    (A) 波蝕棚　　(B) 潮埔　　(C) 海灘　　(D) 海岸階地

48. 除了突出（垂直）海岸線的工程設施外，下列五項事實中，哪兩項最可能也是該海水浴場沙灘縮減的重要原因？
    甲、附近闢建許多水產養殖池；
    乙、海灘內緣的沙丘區被開闢為公園和露營地；
    丙、近年此處海岸曾遭受數次大颱風的侵襲；
    丁、注入本海岸的主要河流，流域內陸續進行多種治山防洪工程；
    戊、注入本海岸的主要河流，流域內坡地多處被開闢為農地使用。
    (A) 甲乙　　(B) 乙丙　　(C) 丙丁　　(D) 甲戊

## 第 49-50 題為題組

圖 12 是某一狹長河谷地之聚落與人口分布示意圖，該地居民正計畫在其間興建一座活動中心，供全體居民集會使用。興建原則是要使所有居民至活動中心的總距離最小。請問：

圖 12

49. 活動中心應該興建在下列哪一個聚落？
    (A) 甲　　(B) 乙　　(C) 丁　　(D) 戊

50. 若將庚聚落居民遷至距甲聚落右側 15 公里處，則活動中心應該興建在下列哪一個聚落？
    (A) 甲　　(B) 乙　　(C) 丁　　(D) 戊

# 九十二年度指定科目考試地理科試題詳解

## 壹、選擇題

1. **C**

   【解析】 台灣若山坡退耕還林，河川可能出現的變化：

   (A) 洪水水位變低。

   (B) 森林涵養水源、保護土壤流失，夏季雨季期的河川流量減少，流速趨緩。

   (C) 森林蓄積大量地下水，以「泉水」方式流出，故冬季時河水流量增加。

   (D) 暴雨時洪峰到達時間「延後」。

2. **B**

   【解析】 (1) 「坎井」灌溉：主要分布於中國西部的新疆、吐魯番窪地。

   (2) 綠洲農業：以水渠或坎井灌溉，耕地狹小，採精耕，作物成層分布，此種農業活動分布於乾燥氣候的中國塞北和西部。

3. **B**

   【解析】 (1) 混合農業：農場兼營作物種植和牲畜飼養。

   (2) 美國中部玉米帶：農場種植玉米飼養牲畜，與混合農業最類似。

4. **A**

   【解析】 佛教起源於印度半島，但當地居民 8 成以上信仰印度教。

5. **D**

　　【解析】　網格的功能：
　　　　　　⑴　網格上有坐標，可判定地形、地物的位置。
　　　　　　⑵　可估算：①實際面積。②兩地實際距離。

6. **A**

　　【解析】

| 地區 | 氣候類型 | 氣候特徵 |
|------|----------|----------|
| 智利北部 | 熱帶沙漠氣候 | 乾燥少雨 |
| 智利中部 | 溫帶地中海型氣候 | 夏乾多雨，為蔬果專業區 |
| 智利南部 | 溫帶海洋性氣候 | 全年冷濕多雨 |

　　　　　　丙、荒涼單調的沙漠　　　　北
　　　　　　乙、遍野的桃、杏水果園　　↑
　　　　　　甲、群聚的企鵝　　　　　　南

7. **D**

　　【解析】　⑴　圓餅圖中各國均位季風亞洲，稻米是此區最重要農
　　　　　　　　　作。
　　　　　　⑵　中國大陸和印度是稻米最大生產國。故選 (D)。

8. **A**

　　【解析】　生產技術的進步和運輸革新的效應，現代工業區位因素
　　　　　　的重要性產生變化：
　　　　　　⑴　原料、能源、勞工、運輸的影響力逐漸減弱。
　　　　　　⑵　市場、政策、聚集經濟更形重要。

9. **C**

　　【解析】　巴西高原東南部坡地利於排水，氣候良好，生長季節多
　　　　　　雨，結實季節乾晴，極利於咖啡生長，巴西咖啡產量居
　　　　　　全球第一。

10. **D**

【解析】 澳洲雪梨位南回歸線之南，十二月因陽光直射南回歸線附近，因此樓房影子最短。三月、九月陽光直射赤道，六月陽光直射北回歸線，雪梨因陽光斜射，故樓房陰影最長。

11. **C**

【解析】 中國屬季風氣候，夏雨多乾，因為夏季為降雨期，所以河川流量增多，使出海口的海水鹽密度下降，故其沿海等鹽度線會向外凸。

12. **C**

【解析】 丹麥位於日德蘭半島上，控制松德海峽，扼波羅的海出北海的門戶。

13. **D**

【解析】 ⑴ 清代繪製台灣地圖：
①以軍備防務及行政管理為優先。
②採山水畫法為主。
⑵ 清代測量儀器，不如現代精準，無固定比例尺，故山地高度、河川長度及行政區面積皆無法精確。
⑶ 採上東、下西、左北、右南的橫軸式繪法，聚落的相對方位正確。

14. **A**

【解析】 因溫室效應的影響，全球溫度上升，南北極的冰山融化，導致海平面上升，珊瑚礁島國土瓦魯因地勢低，因此將被海水淹沒。

15. **B**

【解析】 印度半島的季風氣候分為 $\begin{cases} 熱季（3～5月） \\ 雨季（6～10月） \\ 涼季（11～2月） \end{cases}$

　　　(1) 由甲可知當時是熱季結束，雨季剛開始之時，約在
　　　　 5月底6月初。
　　　(2) 乙則為雨季，在6～10月之間。
　　　　 (B) 選項之6月、7月，最符合甲、乙兩則新聞可能
　　　　 發生的月份。

16. **A**
　【解析】(1) 一塊土地因距離的關係而獲得的利潤稱「區位租」，
　　　　　　 區位租和距離成反比，距都市越遠，區位租越低，
　　　　　　 農業集約度越低。
　　　　　 (2) 附圖中農業土地利用隨距離中心城市的遠近而有差
　　　　　　 異，由內而外為：乳牛場和園藝農場、混合農業、
　　　　　　 畜牧業，農業集約度及利潤由都市向外圍逐漸降
　　　　　　 低，符合「區位租」概念。

17. **B**
　【解析】判讀方法：
　　　　　 (1) 北半球緯度愈高，溫度愈低，故溫度向北遞減。
　　　　　 (2) 一月份是北半球的冬季，冬季時海洋較陸地溫暖。

18. **B**
　【解析】　陸地 A：18℃以下　⎫　故知北半球一月同
　　　　　　　　　　　　　　 海洋 B：18℃　　　⎬　緯度，海洋較陸地
　　　　　　　　　　　　　　　　　　　　　　　 ⎭　溫暖。

| 圖 | 降低的溫度 | 山頂溫度 |
|---|---|---|
| 甲 | $25 \times 0.6 = 15$ ( °C ) | $16 - 15 = 1$ ( °C ) |
| 乙 | $22 \times 0.6 = 13.2$ ( °C ) | $12 - 13.2 = -1.2$ ( °C ) |
| 丙 | $18 \times 0.6 = 10.8$ ( °C ) | $10 - 10.8 = -0.8$ ( °C ) |
| 丁 | $15 \times 0.6 = 9$ ( °C ) | $8 - 9 = -1$ ( °C ) |

乙山山頂溫度最低，故選 (B)。

19. **D**

【解析】 從表中可看出台灣北部區域平均每戶全年收入指數逐年增加，而中、南、東部區域則呈減少，符合區域發展模式中的「反吸和退化」理論。

20. **D**

【解析】 台灣位菲律賓海板塊和歐亞大陸板塊的接觸位置，受兩板塊擠壓作用地層緩移、能量蓄積，當能量蓄積到一定程度便會釋放造成地震。

21. **C**

【解析】 因澎湖距菲律賓板塊和歐亞大陸板塊的接觸帶較遠，故發生地震震央的可能性最低。

22. **D**

【解析】 木瓜溪是花蓮溪支流，源於中央山脈，山區坡陡流急，易形成土石流，河川沖積形成山麓沖積扇。

23. **B**

【解析】 由山多田少，海岸曲折，多天然港灣，島嶼羅佈，沿海居民以海為田，遷移海外，內陸種植茶、蔗，可判定其為「東南丘陵」。

24. **B**

【解析】 冬季利用東北季風南下，夏乘西南季風而歸，利用季風冬夏風向交替從事貿易往返。

25. **A**

【解析】 因為山多田少人稠，糧食不足，人民生活困苦，環境負載力達到飽和，居民因而大批遷移海外。

26. **C**
　　【解析】 (A) 日本－君主立憲。
　　　　　　 (B) 挪威－君主立憲。
　　　　　　 (C) 題目所敘述的國家即爲瑞士。
　　　　　　 (D) 紐西蘭－聯邦體制，但鐘錶、儀器等精緻工業不發達。

27. **D**
　　【解析】 源於 Alps 山的山岳冰河由山區陡坡向下滑動，在冰河床下蝕成深廣的冰河槽，冰河融退，即成 U 形谷，此爲冰河作用所蝕成的地形。

28. **C**
　　【解析】 ⑴ 瑞士 Alps 山區坡陡流急富水力。
　　　　　　 ⑵ 山岳冰河地形多懸谷所造成的瀑布急流，極富水力。

29. **C**
　　【解析】 ⑴ 衣索比亞：位英、義兩國殖民地的緩衝帶。
　　　　　　 ⑵ 泰國：位英、法兩國殖民地的緩衝帶。

30. **無答案**
　　【解析】 正確答案應爲義大利、法國，選項中無此答案。

31. **B**
　　【解析】 衣索比亞產咖啡，泰國產橡膠。

32. **D**
　　【解析】 佛山位於廣東省珠江三角洲。

33. **A**
　　【解析】 人口密度高的地區（如台北、高雄）最易爆發群聚感染，傳染力高。

34. **B**
　　【解析】 傳染病之傳染途徑屬空間擴散。

35. **D**

【解析】　美國西南部加州屬地中海氣候，夏乾冬雨，年平均降雨量（平均數）低，年雨量變異係數大。

36. **D**

【解析】　降雨量變化大小以<u>變異係數</u>判斷。變異係數越小，年降雨量變化越小。

37. **A**

【解析】　產業結構的變化過程稱「部門轉移」。

38. **D**

【解析】　台灣自民國 79 年後，已進入「大量消費期」。

39. **A**

【解析】　亞洲冬季高壓在蒙古及西伯利亞，可判斷此天氣圖出現於一月。

40. **A**

【解析】　⑴ 蒙古高壓氣流向海洋輻散，受地球自轉影響而偏向，冬季季風的風向包括：西北風、北風、東北風。

　　　　　⑵ 因蒙古高壓位台灣之北，氣流來自北方，故選甲－北風、乙－東北風、己－西北風。

41. **B**

【解析】　蒙古高壓寒流南下，冷鋒過境台灣，帶來寒害。

42. **C**

【解析】　⑴ 實線為河川的水位變化曲線，最高水位發生在 6 月。

　　　　　⑵ 虛線為水庫完成後所測得的水位變化曲線，最高水位出現在 6 月雨季之後的 7、8 月。

43. **C**

【解析】 實線為水庫完成前所測得的水位變化曲線，最高水位
在 5～6 月之間，為梅雨季節。

44. **B**

【解析】 由繪圖得知。

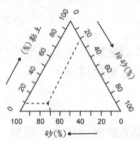

45. **A**

【解析】 因為粘土的排水性最差，而「子」土壤裡所含的粘土比
例最多，故排水性最差。

46. **C**

【解析】 由文中敘述判知所指為台灣東北部灣岬互見的海岸。

47. **A**

【解析】 「波蝕棚」即「海蝕平台」：海浪侵蝕，海崖逐漸後退，
形成與海平面同高度的廣闊海蝕平台。

48. **C**

【解析】 造成海水浴場沙灘縮減的原因，可能為遭颱風侵襲，海
沙流失，或流域內進行治山防洪等工程，供沙量減少。

49. **B**

【解析】 設活動中心在位置 X 時，所有人口到活動中心之總距離最小
$50 [2 | x-0 | +3 | x-1 | + | x-3 | + | x-4 | + | x-6 | + | x-7 |]$
→最小值成立時 x＝1，故為乙聚落。

50. **B**

【解析】 中位數不變，仍在乙聚落。

# 九十二學年度指定科目考試（地理）

## 大考中心公佈答案

| 題號 | 答案 | 題號 | 答案 | 題號 | 答案 |
|------|------|------|------|------|------|
| 1 | C | 21 | C | 41 | B |
| 2 | B | 22 | D | 42 | C |
| 3 | B | 23 | B | 43 | C |
| 4 | A | 24 | B | 44 | B |
| 5 | D | 25 | A | 45 | A |
| 6 | A | 26 | C | 46 | C |
| 7 | D | 27 | D | 47 | A |
| 8 | A | 28 | C | 48 | C |
| 9 | C | 29 | C | 49 | B |
| 10 | D | 30 | 無答案 | 50 | B |
| 11 | C | 31 | B | | |
| 12 | C | 32 | D | | |
| 13 | D | 33 | A | | |
| 14 | A | 34 | B | | |
| 15 | B | 35 | D | | |
| 16 | A | 36 | D | | |
| 17 | B | 37 | A | | |
| 18 | B | 38 | D | | |
| 19 | D | 39 | A | | |
| 20 | D | 40 | A | | |

# 九十二學年度指定科目考試
# 各科成績標準一覽表

| 科　　目 | 高　　標 | 均　　標 | 低　　標 |
|---|---|---|---|
| 國　　文 | 63 | 50 | 38 |
| 英　　文 | 60 | 39 | 18 |
| 數 學 甲 | 60 | 43 | 25 |
| 數 學 乙 | 52 | 34 | 17 |
| 化　　學 | 48 | 32 | 16 |
| 物　　理 | 50 | 31 | 12 |
| 生　　物 | 63 | 46 | 29 |
| 歷　　史 | 51 | 36 | 22 |
| 地　　理 | 73 | 57 | 41 |

※ 以上三項標準係依各該科全體到考考生成績計算，且均取整數（小數只捨不入），各標準計算方式如下：

高標：該科前百分之五十考生成績之平均。

均標：該科全體考生成績之平均。

低標：該科後百分之五十考生成績之平均。

# 九十一年大學入學指定科目考試試題
# 地理考科

## 壹、選擇題：(76％)

說明：第1-38題為選擇題，每題皆為單選；第1-15題為單一試題，第16-38題為題組題；請選出一個最適當的選項，標示在答案卡之「選擇題答案區」。每題答對得2分，答錯倒扣2/3分。未答者，不給分亦不扣分。

1. 台灣地區為因應加入世界貿易組織 (WTO)，農委會積極推展多項農業轉型工作，其中休閒農業廣受農戶青睞，可是並非所有農地都適宜轉型。請問下列何者是轉型為休閒農業成功的最關鍵因素？
   (A) 區位
   (B) 勞力
   (C) 成本
   (D) 土地

2. 早期歐洲有些地區的聚落鄰近「蛇丘」發展，原因之一為此種地形主由砂、礫構成，可供為建材。請問「蛇丘」是下列何種地形作用造成的？
   (A) 冰河侵蝕
   (B) 冰河堆積
   (C) 風成堆積
   (D) 風成侵蝕

3. 「該國地勢低平，經常遭受洪患……，全國人口達一億以上，百姓生活貧困，平均每人年收入僅約360美元（2000年）……，伊斯蘭教為其主要信仰……。」此段敘述是指稱：
   (A) 菲律賓
   (B) 印尼
   (C) 孟加拉
   (D) 巴基斯坦

4. 有經濟學家認爲，歷史上許多國家藉由輸出大宗農、林、礦產品，而奠立這些國家今日經濟發展的基礎。依此論述，下列哪一組最能依序代表甲－乙－丙－丁四國？

甲國：煙草、棉花、穀物　　　乙國：黃金、鑽石、鈾礦

丙國：獸皮、牛肉、穀物　　　丁國：木材、銅礦、鐵礦

(A) 阿根廷－南非－美國－瑞典

(B) 美國－南非－阿根廷－丹麥

(C) 美國－南非－阿根廷－瑞典

(D) 南非－美國－丹麥－阿根廷

5. 「熱帶國家人們的工作節奏比溫帶地區者來得緩慢，休息次數也較多；有人推論，熱帶與溫帶工作者精力與效率上的差異，是因爲氣候條件不同所致。」上述看法比較接近哪一種地理觀點？

(A) 環境決定論　　　　　　(B) 環境可能論

(C) 環境協調論　　　　　　(D) 環境生態論

6. 甲、乙、丙、丁四名嫌疑人涉及某年12月22日凌晨發生在中部地區的重大竊案，檢察官根據各地氣候特性，從他們的陳述中，判斷有兩人說謊。這兩人最可能是：

甲：「記得那時在台東的朋友家吃宵夜時，還聽到氣象報告說隔天會有颱風來……」

乙：「那兩天我都在恆春出差，騎著的摩托車還差點被強風給吹倒，客戶告訴我那就是當地有名的落山風…」

丙：「我一直待在基隆老家，那幾天陰雨綿綿的，眞是難受……」

丁：「案發時我正打電話回高雄，媽媽告訴我連續下了半個月的大雨終於停了……」

(A) 甲乙　　　　　　　　(B) 乙丙

(C) 丙丁　　　　　　　　(D) 甲丁

7. 下列各產業區位的調整，何者<u>不是</u>因追求「經濟的比較利益」而形成的？
   (A) 改革開放前，中國大陸重工業移向西部
   (B) 日本將造船及石化技術移往韓國與台灣
   (C) 美國中西部的汽車裝配廠向海外遷移
   (D) 台灣部分傳統產業移往東南亞國家

8. 下列哪些重大的全球變遷現象，與近年世界各國積極推動資訊化、網路化的關聯最密切？
   甲、人口成長趨緩　乙、自然災害增加　丙、跨國企業加速發展
   丁、第二級產業集中於都會區　　　戊、時空收斂、空間重組
   (A) 甲丙
   (B) 乙丁
   (C) 丙戊
   (D) 丁戊

9. 表1是1999年中國大陸天津、北京、上海與重慶四直轄市之三級產業的生產總值。下列何者依序代表甲、乙、丙、丁四個直轄市？

表1

| 類　　別 | 甲 | 乙 | 丙 | 丁 |
|---|---|---|---|---|
| 第一級產業（％） | 19.21 | 4.90 | 1.98 | 4.02 |
| 第二級產業（％） | 40.85 | 49.10 | 48.43 | 38.64 |
| 第三級產業（％） | 39.94 | 46.00 | 49.59 | 57.34 |
| 國內生產總值（億人民幣） | 1479.71 | 1450.06 | 4034.96 | 2174.46 |

   (A) 上海、重慶、北京、天津
   (B) 重慶、天津、上海、北京
   (C) 天津、北京、重慶、上海
   (D) 北京、上海、天津、重慶

10. 某高中的寒假地理作業是撰寫一篇有關「2001年的納莉颱風時，
　　爲什麼基隆河中游一帶的水災特別嚴重？」的報告。老師提示學生
　　可以從降雨、地勢、排水等方向思考。爲了完成這份報告，學生應
　　該要進行下列哪三項工作？
　　甲、蒐集基隆河流域的氣象、水文資料
　　乙、比較基隆河沿岸的防洪設施
　　丙、閱讀等高線地形圖
　　丁、實際量測基隆河流量
　　戊、調查受災區建築物的結構
　　(A) 甲乙丙　　　　　　　　　(B) 乙丙丁
　　(C) 丙丁戊　　　　　　　　　(D) 甲丁戊

11. 某獵人熟悉動物習性，知道野生動
　　物會儘量遠離人類活動的地區，也
　　知道山羊喜歡在陡峻的山崖活動，
　　而水鹿被追趕過後，會尋找有水的
　　地方喝水。在一次狩獵中，他捕獲
　　到水鹿和山羊，請問獵人最可能是
　　在圖1中哪兩處捕獲這二種動物？
　　(A) 甲、乙
　　(B) 乙、丙
　　(C) 甲、丙
　　(D) 甲、丁

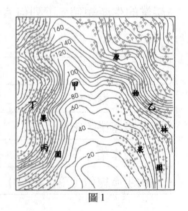

圖 1

12. 根據經濟發展階段模式的經濟起飛時間先後，西太平洋亞洲諸國在二次世界大戰後可以分爲數個國家群。領先的國家（群）經濟發展成熟後，常將資金與技術轉移到次一組國家（群）。依據表2，南韓、日本、泰國三國依序應該分別屬於哪一國家群？

表2

| 國家群 | I | II | III | IV |
|---|---|---|---|---|
| 最初起飛時間 | 1950/1960年代 | 1960/1970年代 | 1970/1980年代 | 1990年代 |

(A) III-II-IV　　(B) II-III-IV　　(C) III-I-II　　(D) II-I-III

14. 圖2爲網格式地理資料，顯示森林火災蔓延的相關訊息：

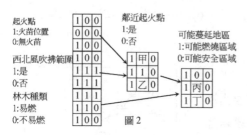

鄰近起火點：是指位於起火點方格旁（相鄰及對角線方格），且位於風向吹拂的方格範圍。

可能蔓延地區：指位於鄰近起火點方格，且位於易燃林木的方格。

根據火災蔓延情況，圖2中甲乙丙丁的值依序是：

(A) 1001　　(B) 0110　　(C) 0001　　(D) 0101

14. 下列哪兩項游耕的特色最有利於雨林環境的維繫？

甲、多樣栽培，可維持森林物種的多樣性

乙、焚燒林木，可增進清理田地的效率

丙、不深犁土壤，可減緩表土流失

丁、休耕年限長，可助地力的恢復

(A) 甲乙　　　　　　　　(B) 乙丙

(C) 甲丁　　　　　　　　(D) 丙丁

15. 圖3為美國密士失必州北部丘陵區河川集
水區年輸沙量（單位面積）的分析結果。
請問下列有關該區輸沙量多寡的敘述，哪
三項最適宜？

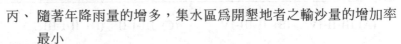

甲、土地利用相同的集水區，年降雨量愈
多者，輸沙量也愈高

乙、集水區之土地利用不同時，輸沙量會
有明顯差異

圖3

丙、隨著年降雨量的增多，集水區為開墾地者之輸沙量的增加率
最小

丁、以廢棄林地為主且年降雨量為1000 mm的集水區，輸沙量接
近10 ton/km$^2$

(A) 甲乙丙　　　(B) 甲乙丁　　　(C) 甲丙丁　　　(D)　乙丙丁

第16-18題為題組

東非在殖民時代，鐵路主要由港
口往內陸建造，每一港口鐵路都
連接到相對較高度發展的內地，
或到外銷現金作物或銅礦的生產
地，而不是連接到非洲人的主要
聚落（圖4）。獨立後，東非的鐵
路仍傾向於為洲際貿易服務，例
如：從坦尚尼亞的三蘭港到內陸

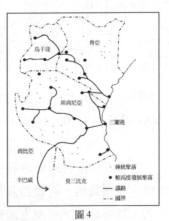

圖4

國尚比亞之間的坦尚鐵路，即是為了尚比亞銅礦外銷歐洲而延伸建
造；另一條從尚比亞通過羅德西亞（今為辛巴威）到莫三比克與南
非的鐵路，雖然路線較短，但因政治問題於1965-1980年關閉，使
坦尚鐵路顯得更為重要。請問：

16. 歐洲殖民母國在東非建造鐵路線有哪些目的？

　　甲、連結港口與內陸資源所在地

　　乙、提昇東非當地居民的生活品質

　　丙、促成東非的區域經濟合作

　　丁、輸出東非資源到歐洲市場

　　(A) 甲乙　　　　　　　　　(B) 乙丙

　　(C) 甲丁　　　　　　　　　(D) 丙丁

17. 有關東非的發展，下列何者錯誤？

　　(A) 鐵路沿傳統聚落拓建　　(B) 經濟多依賴西方國家

　　(C) 外銷運輸以鐵路為主　　(D) 產業以農、礦業為主

18. 坦尚鐵路在1965至1980年之間，對尚比亞能發揮功能的最主要原因為何？

　　(A) 路線長度較短　　　　　(B) 交通運輸成本較低

　　(C) 集貨腹地較廣　　　　　(D) 沿線政治較為穩定

第19-20題為題組

　　愛滋病源於中非的西部，其病毒約在1930年間由猩猩轉移到人類身上，但並沒有立即造成大規模流行。二次世界大戰結束後，愛滋病快速地在非洲蔓延，據聯合國2000年的統計資料，非洲是全球愛滋病死亡和帶病人數最多的一洲。專家們認為：「除了性觀念開放外，都市化是愛滋病在非洲快速擴散的主因」。請問：

19. 二次世界大戰結束後，愛滋病快速地在非洲蔓延的原因是：

　　(A) 空氣污染嚴重　　　　　(B) 接觸密度增高

　　(C) 飲用水源不潔　　　　　(D) 醫療建設遲緩

20. 愛滋病在非洲的肆虐，由下列哪些人口現象最能夠反映出來？
　　甲、出生率下降　　　乙、平均壽命下降　　　丙、嬰兒死亡率上升
　　丁、人口扶養比上升　戊、離婚率上升
　　(A) 甲乙丙　　　　　　　　　(B) 甲丁戊
　　(C) 乙丙丁　　　　　　　　　(D) 丙丁戊

### 第21-22題爲題組

以下爲「世界綠色和平組織」對日本使用東南亞熱帶雨林資源的一則報導：日本國內禁止伐木，卻大量使用免洗筷，並有過度精緻包裝的文化；木材進口量年年增加，如1998年進口熱帶木材的總值達3百億美元，而這些木材主要來自東南亞地區。請問：

21. 「世界綠色和平組織」對日本利用林木資源態度的主要批判是：
　　(A) 鼓勵國內大量消費木材製品及紙類包裝
　　(B) 保育本國資源卻大肆使用他國森林資源
　　(C) 視木材爲該國與東南亞國家的貿易商品
　　(D) 對森林資源的保育態度消極或漠不關心

22. 過度包裝和大量消費免洗筷對熱帶雨林區最直接的影響爲何？
　　(A) 生物多樣性減少　　　　(B) 生物量生產力降低
　　(C) 森林面積急速縮減　　　(D) 表土層沖刷嚴重

### 第23-24題爲題組

塔里木河爲塔里木盆地的主要河流，沿線林草綠化抑制了塔克拉瑪干沙漠的北移，確保人們安身立命的空間，但隨人口增加，部分林地被耕地取代。根據研究發現，距今一千年以來，該流域屬相對暖乾期氣候，下游河道出現斷流超過20年，且地下水位也年年下降。

請問：

23. 根據實測資料，塔里木河下游流量平均每11年增加6％，最主要
　　是受什麼因素的影響？
　　(A) 鋒面長期滯留降雨量增加　　(B) 氣溫上升致蒸發作用旺盛
　　(C) 耕地面積擴大致流量增加　　(D) 高山冰雪融化的速度加快

24. 塔里木河下游長期斷流，地下水位顯著下降，最可能造成下列哪二
　　項不利的影響？
　　甲、河流末端的湖泊乾涸　　　乙、沿河林草地的面積縮小
　　丙、地層下陷嚴重　　　　　　丁、地表蒸發散作用倍增
　　(A) 甲乙　　　　　　　　　　(B) 乙丙
　　(C) 丙丁　　　　　　　　　　(D) 甲丁

### 第25-26題為題組

　　小明蒐集民國87至89年台灣各縣市離婚人數資料，並轉繪為圖5
　　之甲至丁四幅地圖。請問：

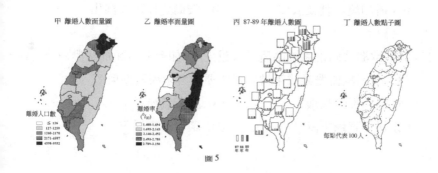

圖5

25. 若想了解各縣市離婚狀況的時間變化，應使用哪一幅地圖？
　　(A) 甲　　　　　(B) 乙　　　　　(C) 丙　　　　　(D) 丁

26.依據甲乙丙丁四幅圖，有關台灣離婚人口的問題，下列敘述哪些
正確？

甲、東部是台灣離婚人數最多的地區

乙、山地鄉鎮人口少，離婚率比較低

丙、都市化程度愈高，離婚人數愈多

丁、彰化和雲林離婚率為台灣最低者

(A) 甲乙　　　(B) 乙丙　　　(C) 丙丁　　　(D) 甲丁

第27-28題為題組

二次世界大戰後，由於糧食供應不足，歐洲共同市場（歐盟前身）
長期採行補貼政策以提高農業生產力，然此舉卻導致近二、三十年
來農業生產過剩。如今在永續經營理念下，歐盟鼓勵並補貼農戶適
度休耕，以推動生態農業。請問：

27. 過去歐洲共同市場的補貼，主要是用在哪一方面以達成提高農業生
產力的目標？

(A) 增加農業的集約度　　　(B) 擴大農業土地面積

(C) 增加農業就業人口　　　(D) 鼓勵農作物多樣化

28. 過去歐洲共同市場補貼農戶大量生產，如今歐盟卻補貼農戶適度休
耕。試問歐盟農業政策轉向最重要的考量因素為何？

(A) 進口糧價較廉　　　(B) 農業氣候惡化

(C) 耕作意願下降　　　(D) 環境污染嚴重

第29-31題為題組

加州的中央谷地位於海岸山脈和內
華達山脈（Nevada，印地安語為雪
帽之意），北有薩克拉門多河
（Sacramento R.）貫穿，南端則有
聖約金河（San Joaquin R.）。年可
2-3穫，為美國重要溫帶水果和蔬菜
的生產地。圖6為中央谷地位置
圖，表3為中央谷地梅瑟（Merced）
的氣溫和降雨資料，其海拔高度為
52公尺。請問：

圖6

表3

| 月份 | 1 | 2 | 3 | 4 | 5 | 6 | 7 | 8 | 9 | 10 | 11 | 12 | |
|---|---|---|---|---|---|---|---|---|---|---|---|---|---|
| 氣溫 (°C) | 7.9 | 10.1 | 12.4 | 15.5 | 18.9 | 22.5 | 25.2 | 24.5 | 23.1 | 18.3 | 12.4 | 8.6 | 年均溫16.6 |
| 降雨 (mm) | 81 | 76 | 60 | 36 | 15 | 3 | 0 | 1 | 5 | 20 | 37 | 82 | 年雨量416 |

29. 下列有關該區氣候特徵的敘述何者正確？
　(A) 四季如春　　　　　　　(B) 夏季副熱帶高壓籠罩
　(C) 秋季多雷陣雨　　　　　(D) 冬季盛行東北季風

30. 本區有「若無灌溉，谷地將是沙漠」的情形。其灌溉水源主要來自：
　(A) 淡化的海水　　　　　　(B) 自流井水
　(C) 高山雪水　　　　　　　(D) 深井的水

31. 加州農作物一年可2到3穫，最重要的原因為何？
　(A) 土地面積廣大　　　　　(B) 灌溉系統發達
　(C) 鄰近消費市場　　　　　(D) 全年無霜期長

第32-33題為題組

　　東帝汶曾被葡萄牙殖民四百多年，熱帶栽培業發達，1970年代印尼趁葡萄牙政局危機佔領該地。東帝汶民族組成與宗教跟印尼不同，終於在2002年5月20日正式獨立，並以殖民時代之最大都市狄力（Dili）為首都。平均國民所得僅約四百美元，仍需依賴外援，但拜經濟海域石油、天然氣蘊藏豐富之賜，獨立的第一天即與澳洲簽訂共同開發合約，預期在五年後開始獲利。請問：

32. 由殖民歷史可以推論狄力（Dili）的地理位置條件是：
　　(A) 居國之中央，以利全國開發
　　(B) 居海港之位，以利對外貿易
　　(C) 居國之南方，以利與澳洲合作
　　(D) 居山巒之中，以控印尼軍隊

33. 東帝汶與澳洲共同開發石油、天然氣資源，是基於何種條件的經濟合作？
　　(A) 宗教　　　(B) 語言　　　(C) 文化　　　(D) 地緣

第34-36題為題組

　　愛爾蘭於1956年設置全球第一個加工出口區；到了1990年代初期，全球至少有110個加工出口區（圖7），大部分出現在開發中國家。全球的加工出口區以紡織與電子加工

圖7

業為主，亞洲的加工出口區雇工則佔了全球的2/3。許多國家希望透過加工出口區帶動其相關產業的活絡，但是除了少數國家成功的帶來較大的經濟效益外，許多國家並未因加工出口區獲益。請問：

34. 全球加工出口區的主要區位特色為何？
    (A) 交通方便之處
    (B) 多分布在南半球
    (C) 近礦產蘊藏區
    (D) 緊鄰消費市場

35. 亞洲及拉丁美洲加工出口區最多的國家分別依序是：
    (A) 泰國、阿根廷　　　　　(B) 印度、巴西
    (C) 中國大陸、墨西哥　　　(D) 越南、智利

36. 許多國家開發加工出口區最主要政策是期望達到下列哪一目標？
    (A) 創增外匯　　　　　　　(B) 環境保護
    (C) 資源管理　　　　　　　(D) 進口替代

第37-38題為題組

遙測衛星影像的解析度代表一個像元（pixel）涵蓋地面範圍的邊長，預計於2003年底升空的中華衛星二號，其影像解析度可達2公尺。請問：

37. 某學校長方形操場面積40,000平方公尺，需要幾個像元才能完全涵蓋？
    (A) 4,000　　　(B) 10,000　　　(C) 20,000　　(D) 40,000

38. 目前普遍使用的法國SPOT衛星（解析度10公尺），其資料量為華衛二號資料的幾倍？
    (A) 25倍　　　(B) 4倍　　　　(C) 0.25倍　　(D) 0.04倍

## 貳、非選擇題：（24％）

說明：共有三大題，每一題包括2-3個子題。各大題應在答案卷所標
示題號之區域內作答，並標明子題號；作圖題則在答案卷之方
格作圖區作答。每一子題的配分，註明於題後。

一、20世紀內的數次農業革新，是美國成為世界農業大國最重要的推
力。請問：（8分）

1. 農業的機械革命，開始於1920年。在此革新推動下，如耕耘
機在1920-1950年間，由30萬部增加到340萬部。農業機器因
作物不一而有多種類型，且價格非常昂貴。因此欲投入農業機
器的農人必需重整其農場經營方式。試問1950年代美國農人
分別如何調整其農場規模和作物種類，以便達成機械化經營的
目的？（4分）

2. 在機械和農藥、育種革新下，農業經營資本投入愈來愈高，市
場競爭也越來越激烈。1980年代中期之後，全美農業生產總
值的90％來自約30％的大型農場與農業企業（agribusiness）。
集中化持續進行著，例如牛頭數高達10-20萬的牧場已是常
態。而畜牧場飼料來自附近穀物大農場，並與其他鄰近牧場共
同使用特殊運輸工具與屠宰場等，以降低成本。試問1980年
代美國農業因組織革新和產銷革新，分別獲得何種經濟效益？
（4分）（先後順序顛倒不給分）

二、 圖8是某條河流下游一段河道的航照圖，圖9是圖8中的局部放
　　大（方框部分）。這一段河道十分蜿蜒，而且有多處發生曲流切斷。
　　在此航照圖中，因為光線反射效果不同之故，水體呈深色，河中
　　沙洲則呈淺灰色。請問：（8分）

　　1. 圖8中A～F，何處最可能會
　　　　是下一次曲流切斷發生之
　　　　處？（2分）

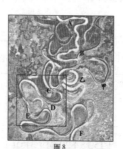

圖8

　　2. 圖8中之甲和乙所標示的兩
　　　　處舊河道，何者為牛軛湖？
　　　　判斷線索除了根據河道形狀
　　　　及其與現今主河道的鄰近性
　　　　外，尚須參考圖中哪一線索
　　　　才能判斷出來？（2分）
　　　　（兩項都答對才給分）

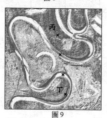

圖9

　　3. 假設圖9中 "丙" 地與 "丁" 地的高度均約為50公尺，河床的高
　　　　度約為40公尺，丙、丁兩地間的直線距離為600公尺。按照
　　　　「水平距離以圖上1公分代表100公尺，垂直距離以圖上1公
　　　　分代表25公尺」的規範，畫出丙、丁兩地「　　」之間的地形剖
　　　　面圖，並在作圖區適當位置標示出基蝕坡（凹岸）與滑走坡（凸
　　　　岸）。（答案必須寫在<u>答案卷</u>上的方格作圖區，作圖可用鉛筆）
　　　　（4分）

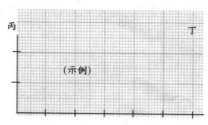

三、 我國教育部審定的高級中學地理教科書多將中國大陸分成六大地
    理區，主要以地形、氣候二要素的均質原則劃分。圖10為一位中
    國大陸學者依經濟條件所劃分的中國十大區域，表4則是中國十
    大區域的基本經濟資料。請問：（8分）

表4

|  | 東北區 | 華北區 | 華東區 | 華中區 | 華南區 | 西南區 | 西北區 | 內蒙古區 | 新疆區 | 西藏區 | 全國 |
|---|---|---|---|---|---|---|---|---|---|---|---|
| 工農業總產值（%） | 13.65 | 20.22 | 29.60 | 13.71 | 6.90 | 9.52 | 4.02 | 1.30 | 1.00 | 0.08 | 100 |
| 工業產值（%） | 15.18 | 20.64 | 31.01 | 12.19 | 6.90 | 8.10 | 3.94 | 1.17 | 0.85 | 0.02 | 100 |

1. 圖中的華東區主要包含我國高級中學教科書的哪三個地理
   區？（2分）（全部答對才給分）

2. 華東與華中因經濟發展的差異被劃分為兩區。請問該二區發
   展差異主因是哪一項全國性經濟政策所造成？（2分）

3. 表 4 中有三個區域雖然有較
   高的經濟產值，但其農業產
   值所佔的比重，相對遠低於
   其工業產值。這是指哪三個
   區域？（2分，全部答對才給
   分），此三個區域共同的地理
   區位特色為何？（2分）

圖 10

# 九十一年度指定科目考試地理科試題詳解

## 壹、選擇題

1. **A**

【解析】 1. 台灣地區加入 WTO 後，因開放農、畜產品進口及調降關稅，對農業造成衝擊。

　　　　 2. 台灣農業因耕地面積小，經營規模小，成本高，農村勞力老化而缺乏競爭力，政府宜妥適規劃農業長期發展方向。

　　　　 3. 休閒農業因地近本國消費者，配合週休二日制，廣受農戶青睞，其成功的關鍵在「區位」因素。

2. **B**

【解析】 冰河消融時，碎屑物隨冰水在冰河底部的流路，產生淘選成層的冰水沈積，形成蜿蜒如帶的蛇丘。

3. **C**

【解析】 1. 孟加拉國位印度大平原東部的恆河和布拉馬普特拉河合成的三角洲上，地勢低平，夏季西南季風來自印度洋上，帶來豐沛降雨，雨量集中於 6～8 月，易生洪患。

　　　　 2. 孟加拉人口約一億二千三百萬人，生活貧困，信奉伊斯蘭教。

4. **C**

【解析】 甲、美國：

　　　　 1. 維吉尼亞煙草輸歐→製煙業。

　　　　 2. 專業化大農作帶：棉花帶、小麥帶、玉米帶→世界最大農產品輸出國。

　　　　　乙、南非：

　　　　　　1. 橘河、瓦爾河流域產鑽石　⎫
　　　　　　2. 約翰尼斯堡附近產黃金　　　⎬　奠定工業化基礎。
　　　　　　3. 南非產鈾、煤→提供工、礦業基本動力。

　　　　　丙、阿根廷：

　　　　　　1. 早期粗放式畜牧業：生產獸皮、牛肉→輸歐為主。
　　　　　　2. 近代農業大規模發展→穀物輸歐。

　　　　　丁、瑞典：

　　　　　　1. 森林配合水力→家具業。
　　　　　　2. 富鐵礦、銅礦→發展精密工業如機械、運輸、
　　　　　　　　汽車工業等。

5. **A**

　【解析】　氣候濕熱（環境）→影響熱帶工作者的精力與效率，
　　　　　　較接近環境決定論的觀點。

6. **D**

　【解析】　甲：台灣颱風多形成於夏、秋二季，12 月 22 日不可
　　　　　　　　能有颱風來襲。
　　　　　　丁：南部降雨特徵：夏雨冬乾，故 12 月不會有連續
　　　　　　　　大雨。

7. **A**

　【解析】　改革開放前，中國重工業移向西部：是基於戰備考量，
　　　　　　西部內陸地理位置較安全，有利國防。

8. **C**

　【解析】　資訊化和網路化的進步，使強勢國家的經濟、社會、文
　　　　　　化、政治的影響範圍更有效地擴展至全球，形成「全球
　　　　　　化」，跨國企業加速發展，產生時空收斂，空間重組。

9. **B**

【解析】甲、重慶：與三峽庫區結合，轄 43 個區市縣，面積廣大，第一級產業人口稍多，輕、重工業發達，是中國西南最大經濟中心，二、三級產業人口比例高，生產總值高。

乙、天津：屬京津唐工業區，工商業發達，二、三級人口比高。

丙、上海：新興工業分佈於郊區十餘個衛星城鎮，故第一級產業人口最少。工商業發達、經濟成長率及生產總值，均居全國之冠，二、三級人口比例甚高。

丁、北京：工業發達，二級產業人口高，是中國古都，現為首都，國家機構集聚，政治機能強，文化教育機能顯著，故第三級產業人口比例最高。

10. **A**

【解析】甲、蒐集基隆河流域的氣象、水文資料→降雨方向思考。

乙、比較基隆河沿岸的防洪設施→排水方向思考。

丙、閱讀等高線地形圖→地勢方向思考。

11. **A**

【解析】甲地：依等高線可判讀為河谷所在，可供應動物飲水。
乙地：野生動物多棲息原始林中。

12. **D**

【解析】亞洲諸國在二次戰後經濟起飛，以日本最早，南韓、泰國次之。

13. **B**

　　【解析】　1. 將起火點與西北風吹拂範圍疊圖，依試題之定義，可
　　　　　　　　判讀甲爲 "0"，乙爲 "1"。

　　　　　　　2. 再將鄰近起火點與林木種類疊圖，可判讀出丙爲
　　　　　　　　"1"，丁爲 "0"。

14. **D**

　　【解析】　1. 雨林區高溫多雨，不深犁土壤，減緩表土流失。

　　　　　　　2. 雨林區土壤爲酸性的磚紅壤（氧化土），休耕期長，
　　　　　　　　有助地力的恢復。

15. **B**

　　【解析】　甲、由附圖可判讀出年降雨量與年輸沙量呈現正相關，
　　　　　　　　故土地利用相同的集水區，年降雨量愈多者，輸
　　　　　　　　沙量也愈高。

　　　　　　　乙、集水區土地利用不同時，輸沙量會有差異：開墾
　　　　　　　　地＞廢棄林地＞林地。

　　　　　　　丙、圖中以開墾地的斜率最大，可知隨降雨量增多，
　　　　　　　　集水區爲開墾地者輸沙量的增加率最大。

　　　　　　　丁、可由圖中直接判讀。

### 第 16-18 題爲題組

16. **C**

　　【解析】　東非熱帶栽培業發達，礦產豐富，農礦資源多以出口爲
　　　　　　　主，故殖民國建造鐵路連結港口與內陸資源所在地，以
　　　　　　　利輸出歐洲市場。

17. **A**

【解析】東非鐵路主要由港口向內陸建造，連結高度發展的內地或現金作物及銅礦生產地,而非連結非洲人的傳統聚落。

18. **D**

【解析】一九六五～一九八〇年，因政治問題，關閉從尚比亞經辛巴威、莫三比克、南非的鐵路，而坦尚鐵路僅經坦尚尼亞國境，沿線政治較穩定，可發揮運輸功能。

第 19-20 題為題組

19. **B**

【解析】非洲因都市化，人類接觸密度增加，使愛滋病快速擴散。

20. **C**

【解析】愛滋病死亡率高,可由平均壽命下降、嬰兒死亡率上升、人口扶養比上升等人口現象反映。

第 21-22 題為題組

21. **B**

【解析】日本大量進口東南亞地區熱帶木材消費，本國卻禁止伐木，對森林保育的差異心態極為可議。

22. **C**

【解析】人類對森林資源過度的消費,造成熱帶雨林面積急速縮減,影響地球生態。

## 第 23-24 題為題組

23. **D**

【解析】 塔里木河水源主要來自附近高山融化的雪水，近年地球因溫室效應，溫度上升，高山冰雪融化的速度加快，使塔里木河下游流量增加。

24. **A**

【解析】 1. 塔里木河長期斷流，地下水位下降，沿河林草地枯萎面積縮小。

2. 河流的尾閭：羅布泊乾涸。

## 第 25-26 題為題組

25. **C**

【解析】 由丙 87～89 年離婚人數圖，可了解各縣市離婚狀況的時間變化。

26. **C**

【解析】 甲、台灣離婚人數最多區→北部地區。

乙、山地鄉鎮因人口少，故離婚率比較高→由離婚率面量圖判讀。

丙、都市化程度愈高，離婚人數愈多→由離婚人數面量圖、離婚人數點子圖判讀。

丁、彰化、雲林離婚率為台灣最低→由離婚率面量圖判別。

第 27-28 題為題組

27. **A**

【解析】　歐洲共同市場採補貼政策以提高農業生產力，增加集
　　　　　約度。

28. **D**

【解析】　歐盟現採補貼農戶適度休耕，以推動生態農業，減少
　　　　　環境污染，以利農業永續經營。

第 29-31 題為題組

29. **B**

【解析】　梅瑟區夏季因副熱帶高壓籠罩，故乾燥少雨。

30. **C**

【解析】　內華達山（Nerada）：印第安語為「雪帽」之意，故中
　　　　　央谷地可利用高山融化的雪水灌溉。

31. **B**

【解析】　加州灌溉系統發達，陽光充足，是美國重要的園藝農
　　　　　區。

第 32-33 題為題組

32. **B**

【解析】　東帝汶熱帶栽培業發達，「狄力」為殖民時代最大都市，
　　　　　可推論其居海港之位，以利對外貿易。

33. **D**

　　【解析】　澳洲位東帝汶南方，地理位置相近，因地緣之便而共同
　　　　　　　開發石油、天然氣。

第 34-36 題為題組

34. **A**

　　【解析】　加工出口區主要區位特色：勞工、交通因素。故加工出
　　　　　　　口區多設交通便利處，尤以港口都市為多。

35. **C**

　　【解析】　由附圖可判知為中國大陸和墨西哥。

36. **A**

　　【解析】　加工出口區利用本地勞力、產品加工後輸出，可創增外
　　　　　　　匯。

第 37-38 題為題組

37. **B**

　　【解析】　1. 中華衛星 2 號影像解析度 2 公尺，涵蓋面積 4 平方
　　　　　　　　　公尺。

　　　　　　　2. $\dfrac{40,000\text{m}^2}{4\text{m}^2}=10,000$

38. **D**

【解析】 1. 法國 SPOT 衛星解析度 10 公尺，涵蓋面積 100 平方
公尺。

2. $\dfrac{4m^2}{100m^2} = 0.04$（倍）

## 貳、非選擇題

一、 1. 擴大農場經營規模，作物專業化。

2. (1) 規模經濟效益。　(2) 產業連鎖經濟效益。

二、 1. C

2. 甲、水體顏色

3.

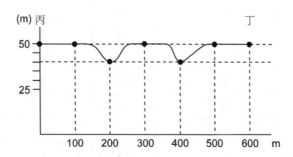

三、 1. 華北區、華南區、華中區。

2. 改革開放政策。

3. (1) 東北區、華北區、華東區。

(2) 臨海區位。

# 九十一學年度指定科目考試（地理）
## 大考中心公佈答案

| 題　號 | 答　　案 | 題　號 | 答　　案 |
| --- | --- | --- | --- |
| 1 | A | 21 | B |
| 2 | B | 22 | C |
| 3 | C | 23 | D |
| 4 | C | 24 | A |
| 5 | A | 25 | C |
| 6 | D | 26 | C |
| 7 | A | 27 | A |
| 8 | C | 28 | D |
| 9 | B | 29 | B |
| 10 | A | 30 | C |
| 11 | A | 31 | B |
| 12 | D | 32 | B |
| 13 | B | 33 | D |
| 14 | D | 34 | A |
| 15 | B | 35 | C |
| 16 | C | 36 | A |
| 17 | A | 37 | B |
| 18 | D | 38 | D |
| 19 | B | | |
| 20 | C | | |

# 九十一學年度指定科目考試

## 各科成績標準一覽表

| 科　　目 | 高　標 | 均　標 | 低　標 |
|---|---|---|---|
| 國　　文 | 52 | 43 | 33 |
| 英　　文 | 55 | 36 | 18 |
| 數　學　甲 | 62 | 45 | 27 |
| 數　學　乙 | 65 | 46 | 26 |
| 化　　學 | 55 | 35 | 16 |
| 物　　理 | 30 | 17 | 5 |
| 生　　物 | 58 | 42 | 26 |
| 歷　　史 | 61 | 47 | 33 |
| 地　　理 | 66 | 53 | 40 |

※ 以上三項標準係依各該科全體到考考生成績計算，且均取整數(小數只捨不入)，各標準計算方式如下：

高標：該科前百分之五十考生成績之平均。

均標：該科全體考生成績之平均。

低標：該科後百分之五十考生成績之平均。

心得筆記欄

心得筆記欄

# 歷屆指考地理科試題詳解

主　　　編 / 王念平

發 行 所 / 學習出版有限公司　　☎ (02) 2704-5525

郵 撥 帳 號 / 0512727-2 學習出版社帳戶

登 記 證 / 局版台業 2179 號

印 刷 所 / 裕強彩色印刷有限公司

台 北 門 市 / 台北市許昌街 10 號 2 F　　☎ (02) 2331-4060

台灣總經銷 / 紅螞蟻圖書有限公司　　☎ (02) 2795-3656

美國總經銷 / Evergreen Book Store　☎ (818) 2813622

本公司網址　www.learnbook.com.tw

電 子 郵 件　learnbook@learnbook.com.tw

售價：新台幣一百八十元正

2012 年 5 月 1 日初版

ISBN 978-986-231-167-7